Rolf Ulrici

Christiane sucht ihr Pferd

Nichts Schöneres gibt es für die 11jährige Christiane als Reiten und Pferde. Ihr größter Traum ist ein eigenes Pferd. Christianes Vater allerdings hält nichts von ihrem Hobby. Doch in Herrn Krase — dem Ponyhofbesitzer — findet Christiane einen verständnisvollen Förderer. Und sie versteht allerhand von Pferden; man prophezeit ihr eine große Reiterzukunft.

Eines Tages läuft ihr „das schönste Pferd der Welt" über den Weg — die verwilderte Stute Rosenholz. Sie zu zähmen, setzt sich Christiane zum Ziel. Fast gelingt es ... Bis sie eines Morgens das Reitverbot mißachtet und ausreitet ...

Rappi und Christiane · 1

Rolf Ulrici

Christiane
sucht ihr Pferd

W. Fischer-Verlag
Göttingen

Illustrationen: Klaus Kniepen
Titelfoto: Harald Fischer

CIP-Kurztitelaufnahme der Deutschen Bibliothek

Ulrici, Rolf

Rappi und Christiane. — Göttingen : Fischer. —
1. Christiane sucht ihr Pferd. — 1. Aufl. — 1980.
(Göttinger Fischer-Buch)
ISBN 3-439-80600-6

1. Auflage 1980

Gesamtherstellung: Fischer-Offset-Druck, Göttingen

Inhalt

Zwei Mädchen traben zu Fuß

Es war noch nicht ganz hell, als sich die beiden Mädchen trafen. Über Knechtemilchs Supermarkt brannte Licht. Im Nebel sah man die Fenster wie durch Schleier.

„Da bist du ja!" sagte Christiane. „Pünktlich wie eine Eins!"

„Warum wie eine Eins?" fragte Beate. Sie war kleiner als die gleichaltrige Freundin, aber sie hopste immer, wenn sie sich der Größeren anschloß.

„Pünktlich wie eine Eins", rechtfertigte Christiane ihre Begrüßung, „na, das sag ich, weil wir zur Schule gehen. Alles, was mit Penne zusammenhängt, rechnet nach Noten. Oder nach Punkten. Kapiert?"

„Nein!" sagte Beate entschieden. „Schon deshalb, weil Einsen niemals pünktlich sind. Die lassen auf sich warten. Die ..." Sie unterbrach sich und hörte auf zu hopsen. „Was hat da eben gewiehert? Warst du das?"

„Quatsch! Aber ich hab es auch gehört!"

Christiane blieb ebenfalls stehen. Bei der Tankstelle, die mit einer Werkstatt verbunden war, geisterten Lichter.

Eben wurde es hinter den breiten Glasfronten der Sparkasse hell. Doch Herr Menge, der Zweigstellenleiter, hatte bestimmt nicht gewiehert.

Es war erst sieben Uhr früh. Die Schule in der benachbarten Marktgemeinde Haag begann wegen der Zug- und Busanschlüsse schon um zwanzig Minuten vor acht, was die Schüler „Tierquälerei" nannten und weshalb sie denn auch prompt von den Lehrern zu den „Kamelen" gezählt wurden.

Aber an Tiervergleiche hatte Beate mit ihrem Wiehern nicht gedacht. Und Christiane hatte es ja auch gehört!

Die Mädchen liefen über den neuen Abkürzungsweg, den der Bürgermeister vor einigen Tagen feierlich zur gefahrlosen Benutzung freigegeben hatte: allerdings nicht für Fahrzeuge — gleich, welcher Art —, sondern nur für Füße und Hundepfoten. Nicht einmal für Hufe!

Uuuiiihihihiui-uuui . . .

„Mensch!" japste Beate erschrocken. Sie packte Christianes Arm.

Uuuiiihihiui-uuui . . .

Die Freundin schluckte, als hätte es ihr die Sprache verschlagen. „Das war ein Pferd!"

„So?" Beate erholte sich augenblicks von ihrem Schreck: „Ich dachte, es wär eine Maus!" Lachend hopste sie weiter.

Wumm — klock, klock — wumm, polterte es irgendwo hinter den Mädchen. Der Wind trug vom Bach her dich-

tere Schwaden durch den milchigen Nebel ... Und es krachte und splitterte, als wollte ein Drache sein hölzernes Gefängnis sprengen. Denn daß da gegen Holz geklopft wurde — und nicht zum Spaß — war klar.

Ein gewaltiger Prall, ein Bersten und Splittern — und eh die Mädchen sich's versahen, fegte ein Ungetüm heran ...

„Vorsicht!" schrie Beate. „Ein wildgewordener Gaul, halt ihn auf, du kannst das doch, du liebst doch Pferde, er trampelt uns sonst noch tot! Hilfe, tu doch was! Christiane, Hilfe!"

Wie erstarrt sah Christiane den Schatten des rasenden Pferdes. Er hatte sich von den im Nebel schwimmenden Umrissen des Schuppens gelöst. Nun stob er heran, stieg auf die Hinterhand ... Sie sah die Ohren, gespannt, wie Teufelshörner, das Profil, bald gesenkt, bald hochgereckt, so daß es eine Linie mit dem langen Hals zu bilden schien. Dann war es, als sei nur der Leib noch da, der Rumpf, bedrohlich wuchtig wie eine hochgestellte Walze, die auf sie niedersausen konnte ...

Der Nebel verzerrte alles.

Aber das Trommeln war keine Täuschung. Das rasende Tier lief jenseits der Wegbegrenzung mit den Mädchen mit, wobei es sich im Kreise drehte, bald im Nebel verschwand, bald wieder auftauchte, um den Zaun mit den Vorderhufen zu attackieren.

Die Holzbohlen waren neu und stabil, durch Stahlgelenke verbunden und an Betonpfählen befestigt. Das Pferd aber machte eine Art „Levade" und ließ die Vorderhufe darauf niedersausen. Wieder und immer wieder. Dabei schnaubte es beängstigend.

Den Freundinnen drang es höchst ungemütlich in die Ohren, dieses langgezogene, schrille Stimmengeräusch.

Auf einmal war es weg.

„Ich wußte nicht", sagte Beate aufatmend, „daß wir so einen Deibel in unserer kinderfreundlichen Gegend haben. Unverschämtheit, das Nashorn direkt am Weg einzuquartieren!"

„Der Schuppen war eher da als der Weg", erinnerte Christiane. „Außerdem war das kein Nashorn, sondern ein Klassepferd."

„Klasse?" rief Beate. „Ich danke! Sag nur noch: Hohe Schule!"

„Du wirst lachen – aber daran hab ich auch schon gedacht", versicherte Christiane ernsthaft. „Manche Bewegung kam mir lipizzanisch vor: Spanische Reitschule, weißt du? Wien! Aber das sind immer nur Schimmel. Unser Pferd war ein Brauner!"

„Spinnst du?" spottete Beate. „Was sucht denn so was hier bei uns in Brottau?"

„Woher soll ich das wissen?" Christiane ließ sich nicht beirren. „Jemand könnte es für den Winter untergestellt haben. Ja. Sogar sehr wahrscheinlich! Die neue Umgebung gefällt ihm nicht: Es ist nervös und eigen. Vielleicht ein Vollblut! Plötzlich wurde es fuchsteufelswild und sprengte die Remise. Wenn solche Pferde durchdrehen, kriegen sie die Tobsucht. Ich wette jedenfalls: Es ist ein edles Tier. Bestimmt eine Springkanone!"

„Kanone?"

„Ja. Das ist Reitersprache. Es bedeutet: toll, durchschlagend. Läßt alles hinter sich zurück!"

„Uns wird der Bus zurücklassen, wenn wir jetzt nicht springen!" rief Beate. „Also los!"

Die beiden Mädchen begannen zu „traben" ...

Weniger mit dem Hinterteil

Christiane war eine begeisterte Reiterin. Nur leider bisher weniger mit dem Hinterteil als mit dem Kopf. Von Pferden, vom Pferdesport wußte sie schon ziemlich viel. Doch der Kontakt mit den Rücken ihrer geliebten Vierbeiner war nicht so regelmäßig, wie sie es gewünscht hätte.

Mit acht Jahren hatte sie sich ein besonderes „Pferdetagebuch" zugelegt.

Beschämend, wie kindisch das begann: „3mal Ponyreiten, Insel Sylt", „1mal Zockeltrab auf einem Zirkuspferdchen, Oktoberfest, München", „4mal Eselreiten (Eselreiten!!), Spanien, Familienurlaub", „1mal Kinderreiten im Berliner Zoo, anl. Oma-Besuch ..." Glatte Schande, so ein Ritt mit Kleinkindern, die von Begleitern gestützt wurden ...

Doch im vergangenen Herbst, nach dem zehnten Geburtstag, war es immerhin „zünftig" geworden: Auf dem Neu-Brottauer Ponyhof durfte sie die Grundkurse mitmachen: Behandlung der Pferde, ihre Pflege, das Satteln, die Übungen in den drei Gangarten Schritt, Trab, Galopp. Sie beherrschte Wendungen und Volten, Paraden, nahm an Ausritten teil und mußte sich vor allem mit dem „richtigen Verhalten bei Zwischenfällen" beschäftigen. Auch die schmutzigste Stallarbeit scheute sie nicht.

Christianes Verbindung zum Ponyhof hatte einen unerwartet großen Erfolg gehabt. Wenn auch einen reichlich zwiespältigen: Teils überaus erhebend, teils hoffnungslos niederschmetternd.

Herr Krase, der Besitzer des Ponyhofs, hatte sie zu Hause besucht. Er sprach mit dem Vater:

„Hören Sie, Herr Andergast", hatte er ohne Punkt und Komma losgelegt, „Ihre Christiane ist eine geborene Pferde-Natur! Sie meinen, ich scherze? Mann! Ich habe selten etwas so ernst gemeint! Eine Naturbegabung, jawohl! Wenn sie einmal in den Stall hineinriecht, kriegt sie mehr mit als andere in drei kompletten Lehrgängen! Man muß ihr eine bessere Chance geben!"

„Und wozu sollte das gut sein?" erwiderte der Vater kalt. Er sah Christianes Hobby ohnehin nicht gern. Jetzt regte sich sein Mißtrauen. „Sie brauchen unbezahlte Stallburschen, wie? Sie reden den ehrgeizigen, jungen Leuten ein, sie könnten so was wie Winkler, Schockemöhle und Konsorten werden! Das geht denen ein wie schmackhaftes Futter! Haben Sie sich gedacht, Herr! Meine Tochter soll nicht mit Kinnketten und Kandaren klirren und mit Forken in Strohschütten rumfuhrwerken. Ihre Steigbügel sind keine Trittleitern für einen ordentlichen Beruf!"

„Vorurteile! Vorurteile!" rief Herr Krase beschwörend. „Der Pferdesport ist eine weltweite Sache. Und, Verzeihung, auch ein Geschäft! Wir brauchen heute Kräfte, die nicht nur so nebenbei — und nicht erst mit dreißig, vierzig Jahren — in die Hippologie einsteigen!" (Womit er ganz allgemein die Pferdekunde meinte, sowohl die theoretische, als auch die praktische.) „Christiane gäbe eine einzigartige Reiterin ab, Parcours, Dressur und Military wird sie — ich wette! — mit fünfundzwanzig turnierreif beherrschen, und zwar auf internationaler Ebene! Sie kann ihre Lebensstellung auf einem bekannten Gestüt finden. Jaja, Herr Andergast, das ist eine Sache mit Zukunft!"

„Aber sonst geht's Ihnen gut, Herr Krase?" scherzte der Vater düster. „Sehen Sie, ich bin Maschinenmeister in der Haager Kartenfabrik. Trotzdem hör auch ich ein bißchen das Gras wachsen. Ihr Neu-Brottauer Ponyhof, bitte nehmen Sie mir das nicht übel, ist kein geeigneter Tempel für eine Pferde-Religion, und Sie sind sicher kein Pferdegott!"

„Das hab ich auch niemals behauptet!" wehrte sich Herr Krase. „Ich meinte nur . . ."

„Nur!" unterbrach der Vater mit starker Stimme. „Nur! Das ist das rechte Wort! Ihr Ponyhof hat mit einer staatlich anerkannten Reitschule nun wirklich nichts zu tun! Ihre Ponys und die ausrangierten Traber sind ein zusammengewürfelter Haufen von den Ramschmärkten ganz Europas!"

„Erlauben Sie!"

„Ach was!" fuhr Christianes Vater fort. „Wenn Sie auf Ihrer Reitbahn Ihren größten Krippensetzer an der Tete marschieren lassen, keucht sich das letzte Pony die Lunge aus dem Hals . . ."

„Sie beleidigen mich!" rief Herr Krase. „Ich kann Ihnen meine Diplome und Preise zeigen. Ich bin turniererfahren. Unzählige Spring- und Dressurprüfungen hab ich hinter mir, und auch im Galopp- und Trabrennen bin ich alles andere als eine Niete! Und was meinen Ponyhof betrifft . . ."

„Ihr Ponyhof, Herr Krase", nahm ihm der Vater das Wort aus dem Mund, „ist nur einer von den hunderten, die wie Pilze aus dem Boden schießen! Sperren Sie mal die Ohren auf, wenn Sie irgendwo Urlaub machen: Von Dänemark runter bis nach Jugoslawien, von der Ostseeküste bis zum Atlantik: Ein einziges Wiehern, Herr Krase, ein einziges Wiehern!"

„Das bestreitet ja keiner, Herr Andergast", entgegnete der Hofbesitzer. Sein wettergebräuntes Gesicht zeigte plötzlich zu den vorhandenen Falten noch einige der Sorge und des Kummers. „Aber was soll ich machen? Mein Leben steht nun mal im Dienst des Pferdesports. Ich bin in Ställen aufgewachsen. Umsatteln? Das kann ich nicht mehr. Mit Leib und Seele setze ich mich dafür ein, das Reiten zum schönsten Freizeitsport für jedermann zu machen. Kann ich etwas dafür, daß sich viele Leute aus Angeberei und Langeweile in die Sättel quälen? Manche sind dagegen besten Willens, ja rein närrisch vor Eifer, lernbegierig bis zum äußersten — aber sie schaffen's nicht! Die richtige Eignung ist nun mal durch nichts zu ersetzen. Durch nichts, Herr Andergast. Deshalb bin ich ja hier! Christiane ist mehr als geeignet . . . Zum Beispiel braucht sie keinen Kurs in Pferdepsychologie, ja, und daran scheitern die meisten! Ihre Tochter weiß sofort, wie unterschiedlich man die einzelnen Pferde behandeln muß. Das ist eine Naturbegabung. Deshalb bitte ich Sie . . ."

„Ach, was sollte eine Seelenkunde ihren Pferden noch nützen? Und meinen Sie, meine Tochter könnte den Größenwahn der Mütter ausmisten, die ihre viel zu fetten Kinder unbedingt zu Jockeys machen wollen?"

„Sie könnte solchen Töchtern Teamgeist beibringen — und auch, daß ein Pferd kein Spielzeug ist. Dann wäre schon viel gewonnen", erklärte Herr Krase mit Nachdruck. Er erhob sich. Sehr straff stand er da. Die Sorgenfalten schwanden aus seinem gebräunten Gesicht. „Und so schlimm steht's um meinen Ponyhof nun auch wieder nicht, Herr Andergast. Einen unbezahlten Stallburschen habe ich hier nicht gesucht. Christiane ist erst zehn Jahre alt, aber offenbar habe ich mehr Achtung vor ihrem

Charakter als Sie vor mir und meiner ganzen Lebensarbeit. Ich wünsche Ihnen einen guten Abend . . ."

„Vielleicht war ich etwas unfreundlich zu diesem Herrn Krase", murmelte der Vater.

„Etwas ist gut!" rief die Mutter ärgerlich. „Ich war schon drauf und dran, mich einzumischen. Überhaupt – ich ärgere mich, daß ich es nicht getan habe! Aber ich kam mir vor, als hätte ich einen Korken im Mund, so sehr hast du dich gehenlassen! Da kommt der Mann hierher, lobt unsere Tochter über den grünen Klee. Was ist die Folge? Sie heult!"

Christiane kämpfte wirklich mit den Tränen.

„Ach was, halb so wild!" brummte der Vater. „Von mir aus soll Christiane ruhig ab und zu zum Ponyhof gehen. Besser, als daß sie vor Discos rumlungert." Als er sah, wie Christianes Miene sich aufhellte, beeilte er sich, das Gespräch zu beenden:

„Aber ein P f e r d", rief er, „ein P f e r d kriegst du nie!"

Das schönste Pferd der Welt?

So und etwas besser standen die Dinge an jenem Morgen, als Christiane und Beate den wiehernden, tobenden Schatten erlebten.

Was Herrn Krases Reiterhof betraf, hatte Vater Andergast seine Meinung ändern müssen. Weder die Ställe noch die Pferde waren verwahrlost. Sowohl Krase und seine Frau, als auch die wenigen Angestellten bemühten sich nach Kräften, das Unternehmen in Ordnung zu halten und ihrem Reitpublikum zumindest die Anfangsgründe der edlen Sportart beizubringen.

Christiane war ohne weiteres in die Reiterhof-Familie aufgenommen worden. Allerdings, und das brachten die Umstände so mit sich, gleich auf der Seite des Lehrpersonals, statt auf der Seite der Schüler. Sie mußte den Kindern beim Satteln helfen und die Gurte nachstellen. Manchem Tolpatsch hielt sie beim Aufsitzen den Sattel fest, damit er nicht verrutschte. Und wo die Krases ihre Augen nicht haben konnten, ließ Christiane ihre Blicke flitzen. Beim stehenden Pferd sollen des Reiters Hinterkopf, Schulter, Ellbogen und Hacken möglichst eine ge-

rade Linie bilden: Das machte sie so manchem Anfänger, sogar auch Fortgeschrittenen klar, der wie ein Fragezeichen im Sattel hing.

Sobald Herr Krase sich ein Viertelstündchen abzwacken konnte, nahm er das erste beste Pferd und schulte seine junge Gehilfin, bis ihr Hören und Sehen verging. Unerbittlich rief er:

„Ruhig bleiben! Das Tier ist unwillig, deshalb pariert es um so weniger, je unwilliger du wirst! Nicht ärgern!

Der Ärger überträgt sich von deinem Kopf in die Hände, ins Hinterteil und in die Hacken! Das merkt das Pferd! Es nimmt deine Stimmung an! Und dann mögen dir alle Schutzpatrone der Reiterei gnaden!"

Nach solchen kurzen, oft mörderischen Übungen fühlte sich das Mädchen wie erschossen. Kein Knochen, kein Muskel, keine Sehne ihres Körpers schien mehr an der richtigen Stelle zu sitzen!

Trotz solcher Schinderei, trotz manchen Ärgers liebte sie den Reitsport. Die mühselige Pferdepflege bei so vielen unterschiedlichen Tieren entmutigte sie nicht. Im Gegenteil: Ihr Ehrgeiz blieb wach. Sie erzog sich dazu, allen Pferden, vom dicken, alten Belgier bis zum kleinsten Pony die gleiche, unerschütterliche Freundlichkeit entgegenzubringen: Wieder eine der wichtigsten Voraussetzungen für eine gute Pferdepflegerin!

Ein Lieblingspferd hatte sie also nicht, geschweige denn „ihr" Pferd, eines, das nur auf sie hörte. An ein eigenes wagte sie nach des Vaters Entscheidung gar nicht zu denken . . .

Gleichgültig, wer der Besitzer ihres erträumten Pferdes wäre, Hauptsache, Christiane würde es pflegen, reiten und womöglich ausbilden dürfen.

Christiane ahnte nicht, daß sie ihrem Traumpferd bereits begegnet war – heute, an dem kalten, nebligen Februarmorgen, zusammen mit ihrer Freundin Beate auf dem Weg zur Schule . . .

In der Pause hopste Beate augenrollend und wiehernd im Kreise von Mitschülerinnen und Mitschülern herum und berichtete vom „Schrecken in der Morgenstunde".

„Aber ein Feuerroß war's nicht", spottete ein kleiner Junge. „Sonst hättet ihr ja Brandspuren im Gesicht!"

„Quatsch!" sagte ein anderer zu ihm. „Mit Feuerroß meint man kein Pferd, sondern 'ne Dampflok. Das Wort stammt von den Indianern!"

„Und du bist der Oberhäuptling Schlaue Wolke!" höhnte der erste. Und gleich lagen sich die beiden in den Haaren.

Ärgerlich schob ein großes Mädchen die Kampfhähne weg. „Wo soll denn euer Teufelspferd ausgebrochen sein?" fragte sie Christiane. Sie hieß Daphne und galt als Star der Schule, vor allem wegen ihrer tollen Frisuren, ihrer Kleider, Armbänder und Halsketten. „Und ausgerechnet ein Klassepferd?" fügte sie zweifelnd hinzu. In ihrem Ton klang auch Hochmut mit, Dünkel, denn unbestritten war sie die erfahrenste Reiterin unter allen Haager Schülern.

Daphne besaß ein herrliches Pferd, Geburtstagsgeschenk ihres Vaters: Einen normannisch-ungarischen Hengst, dessen „Schlag" man bis zum Jahre 1815 zurückverfolgen konnte. Kenner lobten Daphnes Pferd als ein Tier von „bestechendem Ausdruck" und „brillanter Haltung". Daphne war im Landkreis als eifrige Reiterin bekannt. Sie hatte ein gewisses Recht, sich auf ihr Pferd etwas einzubilden. Kein Recht aber, meinte Christiane, eingebildet zu sein.

„Das Pferd", sagte sie ruhig, „war ein Klassepferd. Denn so, wie das hochging, geht kein Ackergaul hoch. Es hat Haken geschlagen, Zickzacks wie ein Hase, und es hat auf die Bohlen geklopft wie ein Trommler."

„Es ist eine Springkanone, hat Christiane gesagt", fiel Beate eifrig ein. „Das Wiehern, ha, das klang nicht gerade müde! Ich hab gedacht, es sprengt den Zaun und macht aus uns Oblaten!"

„Ein Rodeo-Hengst!" Daphne lachte. „Oder das Lieblings-Vollblut vom Aga Khan? Vielleicht auch vom Ölscheich Tropf-Emir? Ihr spinnt ja! So was bei euch in Brottau, wo nicht mal mehr Hühner um die Wette rennen. Aus Neu-Brottau kann's auch nicht sein. Da gibt's ja nur blinde Esel und vermottete Zwerg-Kamele!" fügte sie bissig hinzu.

Das fanden einige sehr komisch. Die Jungen wieherten, die Mädchen gackerten, sogar auch Daphne.

Nur Christiane blieb ruhig. Sehr sicher, als habe sie ein unerzogenes Pony vor sich, dem man zeigen mußte, daß der Mensch im Grunde mehr „Pferdeverstand" besaß als der Vierbeiner selber, entgegnete sie:

„Dein Nonius ist sehr schön, Daphne, und der Haager Reitstall ist zehnmal schicker als Krases Hof. Zugegeben. Das alles ändert aber nichts!"

„Woran?" fragte Daphne verblüfft.

„Daß du wenig verstehst — und daß du nicht gut reiten kannst!"

Daphne schnappte nach Luft:

„Ausgerechnet du mußt mir das sagen? Kannst du denn schon ein Seepferd von einem Nilpferd unterscheiden? Seit wann reitest du auf was anderem als einem Schaukelpferd? Vielleicht bist du am Turngerät ganz gut, das man auch ‚Pferd' nennt — oder als kleine Hexe auf Krases Stallbesen!"

„Eine Frechheit!" erboste sich Beate. „Guck mal in den Spiegel, was du für einen Hals hast! Als Schimmel würdest du 'n Schönheitspreis kriegen, aber als Mädchen nicht. Und überhaupt — ich glaube, du hast in letzter Zeit zu viel Gras gefressen!"

Die hochmütige Daphne betrachtete die wütende Kleine nicht. Sie blickte unentwegt auf Christiane. Schließlich fragte sie gefährlich langsam:

„Und warum — warum soll ich nicht gut reiten können?"

„Ich hab dich oft gesehen", erwiderte Christiane ungerührt. „Dein Pferd geht entweder hinter dem Zügel oder über dem Zügel — was man ‚falsche Anlehnung' nennt, also: die Verbindung zwischen deiner Hand und dem Maul deines Pferdes durch den Zügel ist bei dir ganz einfach falsch!"

Patsch . . .

Christiane fühlte einen Schlag auf ihrer linken Wange.

„Aber das saß richtig, nicht wahr?" hörte sie Daphnes höhnische Stimme.

„Du — du Biest!" schrie Beate ihr nach. „Schade, daß ich keine Hufe unter den Sohlen habe! Ich würde dir auf deine Hühneraugen . . ."

„Ach, laß sie", beschwichtigte Christiane.

„Mit der kriegt man doch nur immer Streit", meinte Gaby, die immer zu Christiane und Beate hielt. Andere waren der gleichen Ansicht.

Nur ein größerer Junge moserte weiter:

„Haut euch nur, ihr Gänse! Kratzt euch nur die Augen aus!" (Der dumme Vergleich störte ihn nicht im geringsten). „Wenn ihr nicht alle naselang an einem Pferdehals hängen könnt, geht die Welt unter! Hinter dem Zügel, über dem Zügel ...", äffte er nach. „Was für'n Quatsch! Schon euer Pferdechinesisch: Ein Flieger ist für euch kein Pilot, sondern ein Kurzstreckensprinter! Auf euren ‚Fundamenten' kann man keine Häuser bauen, denn das sind bei euch vier Gaulbeine! Und wenn man denkt, daß ihr mit ‚Ostfriesen', ‚Hannoveranern' oder ‚Holsteinern' etwa Menschen meint ..."

„... hat man sich geschnitten", konterte Christiane schlagfertig. Sie hatte sich wieder beruhigt. „Du hast nur Fußball im Kopf! Torwart? Torhüter? Nachtwächter! Was ist bei dir ein Anpfiff, he? Schimpfe, Schelte? Und ein Strafstoß? Keiner in deine Kehrseite, zum Glück!"

„Halbzeit!" Der Junge grinste, denn eben läutete es wieder zum Unterricht.

Vor lauter Eifer hatten die Streitenden kaum bemerkt, daß es schneite. Der Schnee kam nicht in großen, schwebenden Flocken vom Himmel, sondern nadelfein, wie gesiebt. Aber er setzte sich schnell auf Köpfen und Schultern ab.

„Jetzt wird unser Gespensterpferd in Brottau zum Schimmel", sagte Beate vergnügt. „Und wenn das so weitergeht, können wir morgen unsere Skier rausholen!"

Unter großem Lärm schoben sich die Schüler in die Vorhalle des Gebäudes hinein.

„Hallo, Christiane!" Ernsti, ein stupsnäsiger Junge aus der Nebenklasse, zupfte sie am Ärmel. „Ich hab alles gehört", erklärte er geheimnisvoll. „Ich weiß, woher dein Pferd stammt und was für eins es ist . . .!"

„M e i n Pferd?" fragte Christiane. „Ich wünschte, ich hätte ein eigenes!"

„Na schön. Das, das du gesehen hast, wirst du auch nie kriegen. Nie. Ich schätze, es ist Millionen wert!"

Christiane blieb stehen.

„Millionen? Sag mal, tickst du richtig?"

„Ich — schon! Aber du nicht! Weil du das nicht gleich gemerkt hast!"

„Was hab ich nicht gemerkt?" wollte Christiane wissen. „Mach's nicht so spannend! Was für ein Pferd soll das denn sein?"

Ernsti erwiderte triumphierend:

„Das schönste Pferd der Welt!"

„Du bist ja verrückt!"

„Wer verrückt ist, wird sich zeigen!" rief Ernsti. Er tippte sich an die Stirn und lief in seine Klasse . . .

Des Rätsels Lösung

Als Beate und sie am Mittag von der Bushaltestelle her auf dem neuen Weg nach Brottau zurückliefen, vorgebeugt und rutschend, denn der nadelfeine, heftige Schneefall hatte sich noch verstärkt, meinte Christiane: „Ernsti ist eigentlich kein Spinner. Ich hab mir das überlegt. Er hat seine Augen und Ohren immer überall. Möchte wissen . . ."

„Huch!" ertönte ein schwacher Schrei. Beate, trotz des Wetters wieder ganz Hopse, war ausgerutscht. Da saß sie nun. Mit ausgestrecktem Arm deutete sie ins Weite. „Da", keuchte sie.

„Was?"

„Das Pferd! Dahinten steht es! Jetzt schon mehr wie ein Eisbär!" rief Beate, durch die Finger spähend.

Christiane sah in der Ferne ein vierbeiniges, schmutzig weißes Etwas, das es offensichtlich nicht für nötig befand, den unempfindlichsten Körperteil gegen die wechselnden Schneeböen zu drehen — wie es selbst das dümmste Steppenpferdchen tat, sofern es nicht eingespannt war.

„Stur wie ein alter Esel", bemerkte Christiane. „Auch läßt es den Kopf genauso hängen! Aber da ist ein großer Baum, und an dem kannst du es messen: Es ist weder ein Esel, noch ein Ochse, es ist ein hohes, langgestrecktes Pferd."

„Trotzdem hat uns Ernsti angeschmiert", ärgerte sich Beate. „Dieses Ungetüm — das schönste Pferd der Welt? Daß ich nicht kichere! Wenn das stimmt, bin ich Miß Universum, mindestens aber die Schönheitskönigin von Brottau!"

Wieder stürmte es heftiger. Der seltsame Vierbeiner ging im Schneetreiben unter, geduldig wie ein Pferdedenkmal.

„Hier, rechts, sind die Stangen aus ihrer Verkettung", erkannte Christiane im Weitergehen. „Da hat es heute morgen rübergesetzt! Auf der anderen Seite ist der Zaun überall in Ordnung. Ich habe darauf extra geachtet. Es muß hinübergesprungen sein . . . Und das wäre bei dem kurzen Anlauf toll, einfach toll, ach: Ganz, ganz, ganz toll!!"

Ein Flügel der eisenbeschlagenen Schuppentür hing lahm herab, der andere quietschte schaurig im Wind.

„Wem gehört denn die olle Remise?" fragte Christiane gespannt.

„Na, den Leuten von der Tankstelle! Seit die sich 'ne Werkstatt und 'ne Autofiliale dazugebaut haben, verfällt ihr Bauernhof. Und das alles ringsum, links und rechts vom Weg, war mal ihre Kuhweide. Das Pferd, das auf ihrem Grund steht, ist ihnen sicher zugelaufen!"

„Egal, was und wie ...", murmelte Christiane. „Auch wenn es nicht das schönste Pferd der Welt ist — noch lange kein Grund, es zu vernachlässigen!"

Christiane ging das Pferd im Kopf herum. Der Schatten, der am Morgen gewiehert und mit seinen Hufen so beängstigend getrommelt hatte ... Ernstis Bemerkung — und dann der „Eisbär" mit der Haltung eines Esels. Wie reimte sich das alles zusammen?

Christiane machte ihre Hausaufgaben, ohne recht bei der Sache zu sein. Am Spätnachmittag kam ihr älterer Bruder Friedhelm heim; er studierte am sogenannten „Holz-Technikum" in Haag. Natürlich fiel ihm die Schweigsamkeit der Schwester auf:

„Na, mal wieder 'n Pony unterm Pony?" stichelte er.

„Und wenn schon!" konterte die Schwester. „Wenn ich ein Pony unterm Pony habe, dann hast du einen Holzkopf in deinem Holzkopf!"

„Doppelt gemoppelt ist gehässig", wehrte sich der Bruder. „Aber Gehässigkeit ist das Vorrecht der Mädchen und der Pferde. Herr Mockendorf kann ein Lied davon singen. Der hat seinen Gaul hundertmal freundlicher behandelt als seine eigene Großmutter. Und wie hat sich das Biest revanchiert? Es hat ihm in den Nacken gebissen! Folge: kaputte Nackenmuskulatur, beschädigter

Halsknorpel ... Und nun wandert der Mann mit schiefem, zitterndem Kopf durch den Ort. Hast du den schon mal gesehen?"

„Tausendmal!" versicherte Christiane. „Aber er hat nicht auf Fachleute gehört. Das Pferd war verdorben. Nicht durch ein anderes Pferd etwa, sondern durch einen Holzkopf, der von Pferden überhaupt nichts verstand! Der hat Schuld! Und wenn du ein Pferd aufziehen würdest, dann wäre ganz Brottau nicht mehr sicher!"

„Du bist ziemlich hartmäulig — so nennt man das doch in euren Kreisen?" erwiderte der Bruder.

„Und du bist eine Kriegstüte!" rief Christiane erbost. „Dauernd suchst du Streit!"

„Schon gut, schon gut", lenkte Friedhelm ein. Er zog sich schleunigst in sein Zimmer zurück.

„Muß das sein?" fragte die Mutter. „Mir scheint, du bist ziemlich gereizt! Setz dich mal zehn Minuten vor den Fernseher!"

Hätte die Mutter diesen eher gedankenlosen Vorschlag nicht gemacht, so wäre Christiane gewiß nicht noch am gleichen Abend auf die Lösung des Rätsels gekommen.

Lustlos schaltete sie das Gerät ein. Aber was sie da sah und hörte, kannte sie längst:

Waschmittel- und Haarspray-Werbung. Oder „Energie aus den Meeren, für Sie, für uns alle ... Das Jahr 2000 hat begonnen!"

Plötzlich ertönte aus dem Gerät ein Wiehern.

Christiane riß den Kopf herum und starrte auf die Mattscheibe. Hatte sie sich verhört?

Auf einer saftig-grünen Frühjahrswiese tummelte sich ein hochbeiniges Pferd, ein herrlicher, lebhafter Brauner!

Vielmehr: ein Fuchs. Wohl war es ein braunes Pferd, milchkaffeebraun, doch ein Fuchs unterscheidet sich von einem Braunen durch seine einheitliche Farbe, die Kopf, Rumpf, Beine, Schweif und Mähne gleichermaßen umfaßt. Dagegen hat ein Brauner stets schwarzes Langhaar und schwarze Beine zum sonst braunen „Haarkleid“, wie ein Pferdefell genannt wird.

Natürlich nahm Christiane das in Sekundenbruchteilen in sich auf. Ihr Gehirn hatte den Anblick schneller verarbeitet, als eine Katze mit der Pfote zuschlägt.

Wie gebannt vernahm sie die wohltönende Stimme des unsichtbaren Sprechers:

„Wo das schönste Pferd der Welt grast, ist die Natur noch heil ...“

Mit effektvoll dröhnenden Hufen kam das herrliche Tier ins Bild galoppiert. Und nun — Sprung ... Und schon wechselte das Bild auf ein putziges Sträußchen, aus dem lauter Stengel mit gemalten Herzen ragten. Die Stimme des Werbesprechers fuhr fort:

„In der Heimat des schönsten Pferdes der Welt sammeln wir für Sie die edelsten Kräuter — für den Herzsaft BONARYTMO! BONARYTMO, nur echt in der Flasche mit dem Pferd ...“

Nun erschien eine braune Flasche. Das Etikett zeigte einen rassigen Pferdekopf, umringt von roten Herzen.

„Autos von heute für Leute von morgen!" ging die Werbesendung weiter. „Für Sie getestet auf Spezialstrecken. Wir gehen scharf ran! Wir ersparen unseren Modellen nichts ..."

Christiane sah und hörte nichts mehr. „Das Pferd!" hauchte sie. Und auf einmal schrie sie laut: „Mein Pferd! Es ist mein Pferd!!"

Verblüfft blickte der Bruder ins Zimmer. Er sah die rasenden Autos auf dem Bildschirm, und er sah seine Schwester, die mitten im Raum stand, die Hände über ihrem Kopf verschlungen, als wollte sie einen Sieg feiern.

Friedhelm sprang hin und schaltete den Fernsehapparat aus.

„Mein Pferd!" wiederholte Christiane. „Ernsti hatte recht: Das schönste der Welt! Jetzt begreif ich, wie er das gemeint hat! Aber ich hab's gleich geahnt: Es mußte was Besonderes sein, super, einsame Spitze!"

„Was ist denn los?" Mit tropfendem Mixer kam die Mutter aus der Küche gesaust.

„Ich denk, mich tritt ein Pferd!" jubelte Christiane. „Dabei ist's das von heute morgen! Beate und ich haben es gesehen! ‚Bonarytmo', haha! Nur echt in der Flasche! So'n Blödsinn! Als es den ollen Schuppen sprengte, war es echter, möcht ich wetten!"

Die Mutter sah den Bruder an. „Was hat sie denn?"

„Es hängt mit Großmutters Herztropfen zusammen“, wunderte sich Friedhelm. ‚Bonarytmo‘? Das müssen wir doch immer aus der Apotheke holen, wenn sie hier ist.“ Ihm schien ein Licht aufzugehen. „Die Flasche mit dem Pferdekopf! Christiane hat die Werbung gesehen. Jetzt ist sie ‚Bonarytmo‘-Fan. Vermutlich wird sie dem Gaul gleich einen Brief schreiben und um ein Autogramm bitten, Rückporto anbei!“

„Seit wann verwechselt du Werbung mit Realität?“ fragte die Mutter etwas verwirrt. „Aus dem Kindergarten-Alter bist du doch längst raus!? Das Etikett von der Flasche willst du haben?“

„Nicht nur eins. Tausend! Sie will ihr Zimmer neu tapezieren!“ spottete Friedhelm.

„Das ist 'ne Idee!“ blitzte ihn die Schwester an. „Mach ich! Aber nicht mit Etiketts, sondern mit Fotos! Ich werde Bonarytmo knipsen. So, jetzt muß ich dringend telefonieren!“

„Mit der Herztropfenfirma?“ rief die Mutter. „Die ist wahrscheinlich in der Schweiz, in Basel . . .“

„Ein Ortsgespräch“, beschwichtigte Christiane. „Ich mach auch gleich einen Strich auf den Block und werf das Telefongeld in die Büchse . . .“

Sie drängte an den beiden vorbei in die Diele. „Das Pferd steht im Schnee auf der Weide“, erklärte sie hastig. „Hier, in Brottau, auf dem Land, das unseren Tankstellenleuten gehört . . .“

„Böhme und Altmaier?“ vergewisserte sich der Bruder. „Mensch, von wegen Tankstelle! Abschleppdienst, Werkstatt, An- und Verkauf! Die sind unwahrscheinlich auf Draht, hochmoderner Betrieb!“

„Ist mir egal, solange sie das Pferd vergammeln lassen!“ sagte die Schwester. „So. Da hab ich die Nummer!“

„Die Leute jetzt noch zu stören“, mißbilligte die Mutter, aber Christiane telefonierte bereits.

„Hier spricht Christiane Andergast“, meldete sie sich energisch. „Spreche ich mit Herrn Böhme oder mit Herrn Altmaier?“

„Mit keinem von beiden“, kam die mürrische Antwort. „Hier ist Schulze-Brottau junior, ich leite den Betrieb. Der Firmenname ist von den Vorbesitzern übernommen. Wo brennt's denn?“

Christiane holte tief Luft. „Es geht um das Pferd“, sagte sie entschlossen. „Um den Fuchs auf Ihrem Gelände, den von ‚Bonarytmo‘ — oder wie die Flaschen heißen!“

„Was für'n Typ?“ tönte die Stimme von Herrn Schulze-Brottau junior. „Ach, Himmel, Fräulein — Sie meinen den Gaul!?“

„Ich meine das kostbare Rassepferd!“ verbesserte Christiane mit Nachdruck. „Das edle Tier, das heute morgen aus Ihrem halbverfallenen Schuppen ausbrach. Seitdem gammelt es in Schnee und Wind im Freien. Eben hab ich's im Fernsehen ganz zufällig mitgekriegt, nur kurz, aber man sieht, wie schön es ist. Wenn auch vielleicht nicht das schönste Pferd der Welt — aber bestimmt das prächtigste der Gegend!"

„Wollen Sie's kaufen?"

„Nein, so viel Geld hab ich nicht", rief Christiane. „Ich verlange nur, daß Sie's anständig unterbringen und pflegen. Es ist eine Schande ..."

„Hoppla, hoppla", unterbrach Herr Schulze-Brottau junior. „Wie reden Sie denn? Und wie alt sind Sie?"

„Elf", schwindelte Christiane (sie war ja erst zehn). „Aber das tut nichts zur Sache . . ."

Wieder unterbrach Schulze-Brottau:

„Und ob das was zur Sache tut!" Seine Stimme klang immer ungemütlicher. „Wer erlaubt dir denn, Berufstätige, die rund um die Uhr alarmbereit sein müssen, beim Abendbrot zu stören? Bist wohl so ein Heuschreck

mit 'nem Pferdefimmel? Solche gibt's ja heutzutage haufenweise! Ob dein Wunderpferd meinen Stall zu Kleinholz macht und wie ein Schneemann mit vier Beinen auf der Weide steht, ist sein Problem — nicht deins!"

„Erlauben Sie mal!"

„Ich erlaube gar nichts, verstehst du? Ich hab das Mistvieh vor zwei Monaten geschenkt gekriegt und im Vorwerk gehalten, wo kein Mensch hinkommt. Durch den neuen Fußweg ist mein Grundstück zerschnitten. Ich habe es lieber hinter die beiden Zäune genommen und in die alte Remise gesteckt, aber da will es nicht bleiben! ‚Prächtig' nennst du diesen Teufelsbraten? Ja, das dachte ich auch: eine prächtige Geldquelle, vor allem! Ein Hit fürs Werbefernsehen! Frag mal die Filmleute, wie die darüber denken!"

„Aber es ist doch schon im Fernsehen!" rief Christiane erstaunt.

„So eine Aufzeichnung ist geduldig!" drang Schulze-Brottaus Stimme lautstark an ihr Ohr. „Die kann man noch zehn Jahre zeigen! Aber 'ne neue Werbung mit der Bestie? Nie wieder wird man das Paradestück zur Werbung verwenden!" brüllte er. „Da bin ich schön angeschmiert! Was die Filmleute mir gesagt haben? Eine Kamera hat das Herzchen bei den Hustensaft-Aufnahmen zerschlagen. Wie? Ach, egal . . . Herztropfen — oder was! Die Leute waren pausenlos auf der Flucht! Der Regisseur hat 'nen saftigen Biß in die Schulter gekriegt. Ein Assistent wurde durch die Luft geschleudert. Dein schönstes Pferd der Welt ist keinen Pfennig wert!"

„Aber ...", fragte Christiane, die in den Augen ihres grinsenden Bruders immer kleiner zu werden schien. „Aber was wollen Sie denn mit ihm machen?"

„Machen? Gar nichts! Das holt der Abdecker! Und was der aus ihm macht, das will ich dir sagen!"

„Wa-was denn?" hauchte Christiane.

Die Antwort bestand nur aus einem Wort. Das, allerdings, war eindeutig:

„Hundekuchen!"

Herr Krase muß helfen!

Wenn das Glück der Erde auf dem Rücken der Pferde liegt, wie eine alte arabische Weisheit verkündet, so lag das Pferd, von dem sich Christiane dieses Glück erträumte, schwer auf ihrem Herzen.

In der Schule berichtete Christiane ihrer Freundin Gaby vom Stand der Dinge, nachdem sie Beate schon auf dem Weg und im Bus alles erzählt hatte.

„Und wo ist das arme Tier jetzt?" fragte Gaby entgeistert.

„Es ist noch im Freien", sagte Beate.

„Wir haben seinen Schatten gesehen", berichtete Christiane. „Wenn es heute nicht abgeholt wird, können wir vielleicht noch das Schlimmste verhindern! Zwei Bittsteller sind besser als einer — und drei sind besser als zwei. Herr Krase vom Ponyhof muß uns helfen!"

Beate hopste vor Begeisterung. „Toll! Aber meinen Hund bring ich mit!"

„Spinnst du?" rief Christiane. „Den rabenschwarzen Zähnefletscher? Der mag ja Pferde weniger als Katzen! Ebensogut könntest du ein ganzes Wolfsrudel mitnehmen! Also, was ist? Treffpunkt 14 Uhr 30 in Neu-Brottau!"

In der Nacht hatte es wieder geschneit. Der Tag war klar und hell, aber die Luft war kalt und still. Unter den Langlaufskiern der Mädchen knirschte der Schnee. So schoben sie durch das Wäldchen, das die schmale Autostraße vom Neu-Brottauer Reiterhof trennte. Herr Krase war gerade dabei, die gelbschwarzen Markierungspflöcke der Anfahrt zu richten und tiefer in den Boden zu schlagen.

„Nanu, Christiane ... Du? Und mit einer Ski-Patrouille? Wem gilt denn der Erkundungsgang?" Er schwang zum Gruß den Hammer. Die hellen Augen in seinem zerfurchten Gesicht musterten die Ankömmlinge vergnügt. „Wenn ihr etwa reiten wollt – hier ist im Augenblick nicht viel los!"

Das wußte Christiane. Im Winter hatte der Hof nur immer eine Handvoll Schüler, die in der Reithalle (einem großen Schuppen) an der Longe im Kreise zockelten.

Die meisten Pferde waren vermietet – an die staatliche Forstbehörde, die sie für Wagen- und Schlittenfuhren zu den Wildfütterungsstellen einspannte – oder an die Landesgärtnerei für Transportzwecke in Schloß- und Kurparks. Nur die Kranken, Trächtigen und solche, die Herrn Krase zu wertvoll oder unentbehrlich waren, behielt er gewöhnlich da.

„Beate kennen Sie ja schon. Und das ist meine Freundin Gaby“, stellte Christiane vor.

„Sehr erfreut.“ Herr Krase grinste. „Doch ich schätze, ich soll nicht mit ihr tanzen!“

Gaby lachte. „Mit uns allen. Wenn schon! Aber nicht zum Vergnügen. Es geht nämlich ...“ Sie wurde ernst und blickte Christiane an.

Herr Krase legte den Hammer auf ein geborstenes Faß. Dann stemmte er die Fäuste in die Hüften und sagte knapp: „Aha?“ Wobei seine Augen einen forschenden Ausdruck annahmen. „Nun, Chris?“

„Sie müssen uns helfen ...“, begann Christiane.

Beate scharrte ungeduldig mit den Langlaufbrettern, als sei sie ein Mittelding zwischen Pony und Skihase.

„Also, was?“ fragte der Mann. „Wobei — helfen?“

„Der Auto-Heini in Brottau hat den schönsten Fuchs der Welt geschenkt gekriegt“, legte Christiane los. „Dabei hat er nicht mal einen Stall. Seit gestern früh gammelt das arme Tier im Freien rum, ohne Aufsicht, Pflege, Futter. Dazu der Schnee ... Aber das kümmert ihn nicht. Er will das Pferd dem Abdecker geben, und der soll Hundekuchen aus ihm machen. Gerade so, wie man ein altes Auto verschrottet. Ich wette, er hat überhaupt keine Ahnung von Pferden. Und nur, weil es keinen Motor hat, in den er seine Nase reinstecken kann ...“ Sie unterbrach sich und rief beschwörend: „Sie müssen uns helfen, das Pferd zu retten!“

„Sagtest du Fuchs? Schönstes Pferd der Welt?" Herr Krase hob die Brauen und legte den Kopf schief. „Meinst du etwa dieses — dieses Reklamepferd?"

„Ja!" riefen die drei Mädchen hoffnungsvoll.

„Ich hab's auch schon in der Werbung gesehen", verkündete Beate.

„Sein Kopf prangt auf allen ‚Bonarytmo'-Herztropfen-Flaschen", fügte Gaby hinzu. „Und auf Plakaten!"

„Heiliger Sankt Georg!" rief Herr Krase. „Ausgerechnet damit kommt ihr zu mir? Wenn ihr mir ein Glas mit besoffenen Goldfischen gebracht hättet — oder eine kranke Giftnatter im Drahtkasten, ich würde mich nicht lange sträuben. Alles, alles! Nur nicht d a s Pferd!"

Wie vor den Kopf geschlagen standen die Mädchen da. Christiane hatte von Krase als „einziger Hoffnung" und „letzter Rettung" gesprochen!

Als er die verdutzten Mienen der drei sah, sagte er freundlicher:

„Schnallt mal eure Hufe ab, legt eure Stöcke weg und kommt in mein Büro. Da ist es warm!"

Krases Baracken-Schreibstube war nicht gerade das Musterbeispiel eines Chefzimmers. Schiefe Borde standen voller Ordner, und an seinem Arbeitsplatz häuften sich Papiere, meist Formulare — und solche, die verdächtig nach Rechnungen aussahen.

„Also, nun zu eurem Problem. Ich schätze, es ist hauptsächlich das von Christiane", sagte Herr Krase.

Die Freundinnen nickten.

„Was ist denn mit dem Fuchs?" drängte Christiane. „Ich wußte nicht, daß Sie's schon so genau kennen. Sie reden ja noch schlimmer als Herr Schulze-Brottau. Gibt's für das Tier wahrhaftig keine andere Verwendung als — als Hundekuchen aus ihm zu machen?"

„Ich fürchte, nein!" sagte Krase. „Das mit dem Hundekuchen mußt du nicht wörtlich nehmen, aber daß die Fuchsstute keinen Heller wert ist, weiß ich auch. Mir hat der Haager Waldhof den Tip gegeben: Hände weg von der Hexe, falls sie Ihnen angeboten wird! Na, das will was heißen!"

„Aber wo kommt das Pferd denn her?" rief Christiane.

„Vermutlich aus der Hölle", brummte Krase. Doch dann erklärte er:

„Vor zwei, drei Jahren ist etwa hundert Kilometer weiter nördlich ein Pferdetransporter verunglückt. Das war bei Reckstadt auf der Autobahn. Der Fahrer kam ins Krankenhaus, und die unverletzte Stute nahm ein alter Tierarzt in Pflege. Soviel ich weiß, hat er sie bis vor kurzem auf seinem verwilderten Grundstück gehalten, weil der Besitzer sie nicht zurückhaben wollte. Dem Tierarzt genügte der Anblick des Pferdes, seine Schönheit, seine Anwesenheit. Er ließ sich das Hobby 'ne Stange Geld kosten — na, er verstand ja auch was davon. Den Werbeaufnahmen wird er aus Jux und Dollerei zugestimmt haben . . ."

„Warum bringt man es ihm nicht wieder?" fragte Beate verständnislos.

Krase lachte. „Wenn man's ihm wiederbringen könnte, wär's erst gar nicht hier! Der Mann hat sein Grundstück verkauft und ist in die Großstadt gezogen. Wenn er da 'ne Eigentumswohnung im fünften, sechsten Stock hat, wo soll er dort ein Pferd einstellen? Im Lift?"

„Schließlich hielt er's aber lange genug mit ihm aus!" wandte Christiane heftig ein. „Obwohl er's nur rumlaufen lassen und angucken konnte! Da müßte sich doch hier ein neuer Liebhaber finden!"

„Etwa ich?" rief Krase, beide Arme abwehrend erhoben. „Nicht um die Welt!" Und dann fügte er etwas ganz und gar Schockierendes hinzu:

„Nicht mal sehen will ich das Biest!"

Christiane, Beate und Gaby standen mit offenen Mündern, als müßten sie Krases letzte Worte erst noch schlucken. Dann wechselten sie rasche Blicke, und endlich begann Christiane:

„Sie kennen die Fuchsstute gar nicht?"

„Aber Sie fällen ein Urteil!" rief Beate erbost.

Christianes Augen füllten sich mit Tränen der Wut. Ihre Stimme bebte:

„Was ich dazu sagen soll! Nein! Was ich . . ."

„Ruhe, Ruhe, Ruhe", mahnte Herr Krase. Er blickte ein wenig verlegen auf die empörten Mädchen. „Ich bin nicht faul oder uninteressiert. Aber ich bin ein alter Leithengst in meinem Fach. Ich weiß, wen und was ich mit mir schleppen kann — und wen und was nicht. Ein Filmpferd, ein Fernsehtier für Herztropfen, steht nicht auf meinem Programm. Wenn ich dazu noch höre, daß es sich um einen Blender handelt . . ."

„Blender?" fragte Gaby.

„Ein Blender ist ein Pferd, das alles verspricht und nichts hält. Es besticht durch Körperbau und Schönheit, macht einen gefügigen Eindruck, so, als sei es der geborene Champion für Sprinten, Springen und Dressur ... Dann aber entpuppt es sich als totaler Versager, sträubt sich beim Satteln, wälzt sich, läßt den Reiter über Hals oder Kruppe rutschen und geht bei jeder Gelegenheit durch die Lappen. Danke schön! Auf meinem Hof ist so was fehl am Platz. Hier reiten hauptsächlich Kinder, für die ich Verantwortung tragen muß: Da kann ich nur fromme Pferde brauchen, solche, die absolut verläßlich sind und aus ihrer Gewohnheit niemals ausbrechen!"

Christiane wollte keinen Einwand gelten lassen. „Man kann die Fuchsstute absondern", beharrte sie. „Vielleicht ist sie nur verwirrt, weil sie jahrelang keinen Reiter hatte! Bitte, Herr Krase, versuchen Sie es mit ihr! Sehen Sie sich das Tier wenigstens mal an!"

„Wenigstens!" echote Beate.

„Allerwenigstens!" forderte Gaby.

Krase seufzte. „Na schön. Mehr aber auch nicht! Wir fahren kurz hin. Aber macht euch keine Hoffnung ..."

Zehn Minuten später brausten die Mädchen in Krases offenem Rover über die Schotterstraße um das Wäldchen herum, auf Schulze-Brottaus Weide zu.

Unter den dicken Reifen knirschte der Schnee. Eispfützen knackten, weißlich-brauner Schmutz stob zu den Seiten. Zuweilen tauchten sie aus einer Mulde auf wie ein gischtsprühendes Boot.

„Prima!" schrie Gaby, die mit Beate auf den Rücksitzen durchgeschüttelt wurde.

Beate hopste begeistert auf ihren vier Buchstaben.

Christiane reckte den Hals.

Die weite, winterliche Weide, die sich jenseits des Grabens in hügeliges Brachland verlor, schien leer zu sein.

Herr Krase hakte ein paar Bohlen aus, fuhr den Wagen auf die Weide hinauf und hängte die Stangen wieder ein.

„So", sagte er, „da wären wir! Und hier soll Christianes Traumpferd also sein!?"

„Ich seh überhaupt nichts Lebendiges!" bemerkte Gaby. „Keine Rabenkrähe — nichts!"

„Der Pferdemetzger wird's doch nicht etwa schon geholt haben?" murmelte Christiane düster.

„He!" machte Beate die anderen aufmerksam. „Da hält ein Wagen! Der Fahrer guckt zu uns her! Dort, auf der Brottauer Straße!"

„Irgendein Neugieriger", meinte Krase achtlos. Er ahnte nicht, welchen Ärger dieser Unbekannte ihnen bereiten sollte . . .

Etwas anderes hatte seine Aufmerksamkeit erregt. „Die vielen dunklen Flecken, Schnee-Aufwürfe, seht mal!"

„In der Schneedecke ist was auf- oder ausgescharrt!" erkannte Christiane.

Herr Krase fuhr ganz langsam an die dunklen Stellen heran. Plötzlich trat er auf die Bremse. „Na, also — und da haben wir ja auch das, was der Laie Pferdeäpfel nennt. Ziemlich frisch noch, scheint mir — genau wie die vielen Hufabdrücke!"

„Das bedeutet", sagte Christiane, heiser vor Spannung, „das bedeutet — die Stute war bis vor kurzem hier!" Sie richtete ihr Fernglas auf eine Buschgruppe.

„Wo sind die Flatschen?" wollte Gaby wissen. „Und was soll damit sein?"

„Kommt!" befahl Krase knapp. Er sprang aus dem Wagen. Die Mädchen folgten ihm eifrig.

„Da!" Er blieb an einer jener Stellen stehen, an denen der Schnee weggescharrt worden war.

Staunend beugte sich Krase darüber. Bald hockten alle vier um den unscheinbaren Flecken herum wie um ein eingebildetes Lagerfeuer.

„Toll!" murmelte der Mann. „Scheint ein geborenes Freilandpferd zu sein! In der Steppe aufgewachsen! Solche Tiere können durch einen Viertelmeter Schneedecke an den Grasboden heran! Sie haben einen wünschelrutenhaften Sinn dafür, wo sie etwas finden und was!" Er richtete sich auf und sah sich um. „Ein Stallhase ist die Stute jedenfalls nicht. Auch kein unbesonnener Ausbrecher."

„Pferde sind doch aber gesellige Tiere", wandte Christiane ein. „Sie schließen sich immer an andere an. Sie suchen den Menschen. Ein Stall ist für sie kein Gefängnis wie für Löwen oder Tiger der Käfig!"

„Hm, hm, hm", machte Herr Krase. Er widmete sich jetzt den Hufspuren. „He!" rief er nach einer Weile. „Schaut! Hier sind ein paar recht deutliche . . ." Er schüttelte den Kopf; wieder stand er vor einem Rätsel. „Die Abdrücke verraten fachkundigen, sorgfältigen Beschlag. Danach zu urteilen, muß das Tier in gutem Pflegezustand übernommen worden sein."

Er ging auf die Buschgruppe zu, streckte zwei Finger in den Mund und pfiff einige Male. Aber nicht schrill. Es klang eher wie ein Fiepen.

Christiane blieb wie angewurzelt stehen. Auch die Freundinnen bewegten sich jetzt nicht.

„Warum pfeift er so?" flüsterte Gaby.

„Er will die Stute neugierig machen", meinte Christiane.

Plötzlich raschelte es in den Büschen. Schnee rutschte von den vielen Zweigen. Eine weiße Wolke hob und senkte sich. Ein großes Etwas trat aus der Tarnung heraus und erstarrte zu einer majestätischen Figur.

Die gesuchte Stute! Das Pferd! Christianes Traum!

Ruhig, freundlich, werbend machte Herr Krase: „Hooo, hoho, hooo . . ." Dabei verharrte er reglos. Rasch glitten seine prüfenden Blicke über die Erscheinung hin.

Die Stute spielte mit den Ohren. Auf gerecktem Hals wandte sie ihren edlen Kopf langsam hin und her — ein Zeichen höchster Aufmerksamkeit. Dann wandte sie sich zur Seite und schritt, ohne sich um den Mann und die Mädchen zu kümmern, an den Büschen entlang.

„Donnerwetter", sagte Herr Krase gedämpft. „Das ist kein Austragspferd, und ich wette, auch kein notorischer

‚Entzieher', Beißer oder Schläger ... Dieses Tier ist nur immer falsch behandelt worden. Christiane! Hol mal das Büschel Heu aus dem Wagen. Und das Säckchen! Da ist Salz drin!"

„Salz?" wunderte sich Beate. „Ich denke, Pferde fressen Zucker!"

„Auch", erwiderte Krase. „Aber für Freilandpferde ist das beste Lockmittel Salz!"

Er schlug mit dem Säckchen einen Bogen, so daß die Stute Witterung hatte. Dann schüttete er das ganze Salz zu einem Häufchen in den Schnee.

Die Stute hob und senkte den Kopf. Sie schüttelte die schmutzige Mähne, schnaubte — wieherte sogar ein bißchen — und bewegte sich auf der Stelle. Herr Krase kam zu den Mädchen zurück, als hätte er nur mal eben seine Pflicht als Fütterer erfüllt. Ganz selbstverständlich.

„Ich geh lieber ins Auto!" sagte Beate ängstlich. „Die Begegnung auf dem Schulweg reicht mir!" Sie blieb jedoch hinter den anderen stehen. Die Neugier war stärker.

Krase beobachtete das Pferd mit Argusaugen. „Risthöhe — über eins fünfundsiebzig", schätzte er. „Ein Warmblut, mit einer gehörigen Portion Vollblut-Anteil ..."

„Wie's den Kopf immer hochwirft, sieht's eher nach Heißblut aus", meinte Gaby ganz ernsthaft.

Herr Krase lächelte.

„Warm — oder auch halb und voll — hat nichts mit Temperatureinstellung zu tun. ‚Voll', ‚Vollzuchtpferd', ‚rasserein voll-edel' bezeichnet die höchste Zuchtauslese nach englischer, international verbindlicher Richtlinie. Ein Warmblut ist sozusagen ein Normalpferd aus einer Landpferdezucht, das durch Vollblutkreuzung veredelt wurde. Kaltblüter, dicke, schwere Zugtiere, siehst du bei Volksfesten vor den Bierwagen: Tatsächlich nennt man sie auch ‚Bierpferde' mit der sprichwörtlichen ‚Bierruhe'."

Er unterbrach sich:

„Chris!" Ein Mordsschreck durchzuckte ihn, doch er war so geistesgegenwärtig, nicht zu brüllen.

Das herrliche Pferd hatte, abwechselnd mit den Hinterbeinen stampfend, am Salzhaufen geleckt. Und auf einmal stand es vor Christiane und rupfte vorsichtig am Heubüschel, das ihm das Mädchen hinhielt.

„Vorsicht", mahnte Herr Krase. Doch er tat es mit einschmeichelnder Stimme. Er wußte, Unsicherheit und Angst teilten sich den Pferden mit, ganz besonders denen, die selber unsicher, ängstlich und mißtrauisch sind.

„Denk dran", warnte Herr Krase, „das Tier hat keine Beißstange im Maul!"

Aber die beiden ließen sich nicht stören.

„Jaja, du bist doch die allerbeste", sprach Christiane auf die Stute ein. Während der Rest des Heubüschels noch aus dem gemächlich arbeitenden Maul ragte, legte Christiane ihren Arm um den schmutzigen Pferdehals.

Mit einem weiteren Heubüschel pirschte sich Herr Krase heran.

„Das geht nicht gut!" bibberte Beate.

„Wieso denn?" wunderte sich Gaby. „Die küssen sich ja beinahe schon! Da fehlt jetzt nur noch das Zaumzeug und der Sattel, und sie kann das Pferd nach Hause reiten! In die Wärmehalle und unter die Dusche! Gibt's überhaupt Pferdeduschen? Jedenfalls muß es mindestens in so 'ne Art Schnellwasch-Anlage. Wie das aussieht! Beinahe wie ein Zebra!" Sie meinte die abenteuerliche Schmutz- und Schneekruste, die teilweise streifenförmig verlief.

„Es hat sich im Bach gewälzt", meinte Beate, die dem Frieden nicht traute. „Von wegen Zaumzeug und Sattel! Da wälzt es sich erst recht! Und wir können Chris als Briefmarke vom Boden klauben!"

„Der Mai ist gekommen, die Bäume schlagen aus . . .", hörten sie Christiane singen.

„Hat die 'n Klaps gekriegt?" fragte Gaby.

„Ein Lied wirkt beruhigend", erwiderte Beate. „Sie will das Pferd ablenken, damit es Herrn Krase nichts tut! Guck mal! Er klopft inzwischen die Hinterpartie ab!"

Gaby konnte sich nicht beruhigen. Sie krümmte sich, weil sie sich nicht traute, laut zu lachen. „Der Mai! Im Februar! Bei drei Grad unter Null! Im Wald, da hinten, ist es bald Nacht. Und was hier ausschlägt, sind keine Bäume! Eben hast du noch gesagt . . ."

Sie wurde unterbrochen, denn Herr Krase hatte seine flüchtige Inspektion beendet. Er stapfte zwischen die beiden Gruppen und teilte begeistert mit:

„Ein Staatspferd! Echt Spitze! Ich hab das Brandzeichen studiert. Erst dachte ich, es wär ein Mecklenburger — wegen des Blockbuchstaben M. Doch es fehlt die Wellung mit dem Krönchen darüber. Oldenburger schaltet auch aus. Das typische ovale O wäre unverkennbar, ebenso wie das Holsteiner H mit Wappenrandung oder das stilisierte für Hannoveraner."

„Was ist es denn nun?" drängte Beate.

„‚Mont.' las ich", berichtete Krase. „Das ist die amtliche Abkürzung für ‚Montana', einen Bundesstaat in den USA. Das Siegel der Ranch ist schwer erkennbar. Auf alle Fälle stammt es aus dem Hobby-Bestand eines reichen Pferdeliebhabers! Hervorragendster Landpferd-Schlag mit anglo-amerikanischer Vollblutveredelung. Unglaublich widerstandsfähige Sorte! Ich wette, sein Winterfell ist an die fünf Zentimeter dick! Es wirkt derart abschirmend, daß der Schnee trotz der Körperwärme nicht schmilzt. Hab ich sofort gewußt, als ich es sah: Das ist kein Menschenfeind, sondern ein Freiheitsfreund! Hier, diese Scharrstellen! Sie sind ein Zeichen dafür, daß es sich selber ernähren kann! Es fürchtet die Kälte nicht. Dieser Schlag, schätze ich, erträgt noch dreißig bis vierzig Grad unter Null!"

„Aber auch Wärme!" Gaby lachte.

Christiane hatte den Kopf des Tieres heruntergezogen und ihre Wange an die seine geschmiegt. Ununterbrochen sprach sie zärtlich auf die Stute ein. Man sah, wie ihre schöngeformten Ohren aufmerksam spielten.

„Tja", sagte Krase lebhaft, „es lohnt sich, für diese Stute etwas zu tun! Ich halte das sogar für unsere Pflicht! Aus so einem Prachtexemplar Hundefutter zu machen — das wäre ja ein Verbrechen! Allerdings braucht es Beobachtung und Pflege, auch wenn es kein Stalltier ist! Zu den Rehen und Hirschen kann's sich nicht gesellen. Ja, du lachst, Beate! Da, wo es aufgewachsen ist, ging's lieber mit den Elchen als mit seinesgleichen! Die belästigen so ein Pferd nicht. Es dient ihnen als Warner vor Gefahren!"

Wenn das Pferd jemals ein Warner gewesen war — so schlief sein Sinn für Gefahr jedenfalls unter Christianes unausgesetztem, zärtlichem Singsang.

Wo der schreckliche Knall herkam, der die winterliche Nachmittagsstille zerriß, begriff niemand.

Christiane war es, als explodiere vor ihr die Landschaft — und neben ihr das Pferd. Unter ihr schien der Boden zu bersten wie bei einem Erdbeben.

Erst stammelte sie nur. Dann schrie sie gellend:

„Hilfe . . .!"

Die Hufe siegen doch!

„Das war ein Schuß!" rief Gaby, die sich als erste gefaßt hatte. Sie spähte umher, während Beate schutzsuchend ins Auto sprang.

Christiane stand schwankend auf und rieb sich Schnee und Dreck aus den Augen. Das Pferd war neben ihr hochgegangen. Im Drehen und beim Davongaloppieren hatte es ihr einen gehörigen Abschiedsgruß von schmutziger, feuchter Erde verpaßt.

Wie ein Bulldozer brach es durch die Büsche. Man hörte ein letztes Wiehern und Schnauben, auch kurz noch das Gedröhn der Hufe — dann war es weg.

„Der Mann, ganz dahinten!" schrie Gaby Herrn Krase zu. „Dort, Richtung Brottau, an der Straße! Der war's! Er hat ein Gewehr und einen Hund!"

Aus dem Auto rief Beate:

„Schnell, schnell! Einsteigen, abhauen, bevor er uns erwischt!"

„Nun mal Ruhe", gebot Krase mit unterdrücktem Zorn. „Wir sind keine Wilddiebe! Außerdem möchte ich

gern wissen, was für ein Jäger das sein könnte, der auf einen harmlosen Mann und drei Mädchen schießt!"

„Die weiter nichts tun, als ein Pferd zu betrachten!" keuchte Christiane.

Inzwischen hüpfte der Mann quer über die große, schneebedeckte Fläche auf sie zu. Es war nicht klar, ob der kalbsgroße, graue Hund ihn mit dem ungestümen

Vorwärtszerren half. Fast sah es aus, als fürchte das Herrchen, auf dem Bauch zu landen und von dem Monster hinterhergeschleift zu werden.

Leider war der Anblick gar nicht komisch. Denn der Kerl war auch jetzt noch sehr wütend: Seine abgehackten Schimpfkanonaden verstand man sehr wohl. Vor allem die häßlichen Drohungen:

„Polizei holen ... Anzeigen! Euch werd ich auf Trab bringen, wenn ich den Hund loslasse!"

„Das lieber nicht, werter Herr!" warnte Krase scharf. „Werfen Sie sofort Ihre Donnerbüchse weg. Ich zähle bis drei ..."

„Auf meinem Land kann ich mein Gewehr tragen, so oft und so lange ich will!" schrie der Mann. Er blieb stehen, rückte die Waffe über der Schulter zurecht und drückte seinen kleinen Hut fester auf den Rundschädel. Er war noch jung. Sein gedrungener, kurzbeiniger und kurzhalsiger Körper verriet Bärenkräfte. „Was suchen Sie hier? Sie wollten das Pferd stehlen, stimmt's? Aus dem Weg da! Ich will den Wagen durchsuchen. Es sollte mich nicht wundern, wenn ich darin eine Dschummspritze und ein Strickhalfter fände ..."

Er meinte offensichtlich eine Art Betäubungswaffe, mit der man wilden oder unbändigen Tieren auch leichtere Beruhigungsmittel unter die Haut schießen kann. Solche Spritzen werden in Nationalparks bei Zählungen, in Zoos bei Umbauten — und auf dem Land, etwa zum

Zuchtbullentransport, verwendet. Abgesehen von den verschiedenen tierärztlichen Zwecken.

Christiane schnappte nach Luft. „Klauen, meinen Sie? Sie denken, wir wollen das Pferd dösig machen und es am Strick hinter dem Auto zum Krasehof trotten lassen?"

„Eben das!" grollte der Mann. „Mir sagte ein Autofahrer, der Geländewagen von der Ponyklitsche sei heimlich auf die Weide gefahren!"

„Der Neugierige von vorhin!" rief Gaby.

„Ich bin Krase, Krase höchstpersönlich!" wetterte der Ponyhof-Chef. „Und jetzt erkenne ich Sie auch. Sie sind ..."

„Schulze!" nahm ihm der andere brüllend das Wort aus dem Mund. „Firma Schulze-Brottau junior. Mir gehört das ganze Land hier, mir gehört auch der Teufelsgaul, und außerdem übe ich auf meinem Grund und Boden das Jagdrecht aus!"

„Aber doch nicht gegen Schulmädchen und einen Pferdekenner, der Ihnen zu Ihrer prachtvollen Stute gratulieren will ...", sagte Herr Krase grinsend.

Fuchsteufelswild war die Fuchsstute vor Schreck über den Knall geworden. Fuchsteufelswild wurde nun auch Herr Schulze-Brottau junior:

„Ach so!" tobte er. „Spott und Hohn? Prachtvolle Stute? Das sagen Sie mir ins Gesicht? Sie haben sich davon überzeugt, daß das Pferd für Sie so wenig taugt wie ein Sack voller Wespen? Aber vorher — vorher hatten Sie doch die Hoffnung, Geld aus ihm rauszuschlagen! Ist es nicht so? Vielleicht wollten Sie's nicht stehlen, nein, sogar sicher nicht. Mit ein paar tröstlichen Redewendungen hätten Sie's mir abgeluchst, für'n Appel und 'n Ei!"

Von der Wut seines Herrn angesteckt, zerrte der häßliche, große Hund wie verrückt an der Leine. Nach Größe und Fell zu urteilen, konnte er eine Mischung zwischen ungarischem Hirtenhund und deutscher Dogge sein, aber er hatte einen typischen Dobermannkopf und auch dessen mörderisches Gebiß.

Schulze-Brottaus Blick blieb auf Christiane haften. „Das ist die, die mich gestern angerufen hat! Ich hab sie gleich an der Stimme erkannt! Dieses starrsinnige kleine Ding hat sie aufgeputscht, sich an den Schwanz meines Pferdes zu hängen! Und jetzt verhöhnen Sie mich, mich, weil Sie reingefallen sind!"

„Ich bitte Sie!" versuchte Krase zu beschwichtigen. „Ein Irrtum! Niemand verhöhnt Sie! Die Sache verhält sich genau umgekehrt! Ich glaubte, einen Blender hier zu finden, den ich Christiane ausreden wollte. Statt dessen begegnet mir ein wahres Wunder!"

„Wunder!" rief Herr Schulze-Brottau junior. Seine Stimme überschlug sich. „Mit dem geschenkten Gaul hab ich Ärger genug gehabt! Zum Hanswurst hat er mich gemacht, jawohl! Und nun kommen Sie und machen sich noch lustig über mich! Damit die Leute über mich wiehern vor Schadenfreude! Aber denen werd ich's zeigen ..." Mit zitternden Fingern machte er sich am Halsband des rasend hustenden Hundes zu schaffen. „Allen zeig ich's! Gründlich! Erst mal diesem verfluchten Pferd!"

Ehe die Mädchen begriffen, was Herr Schulze-Brottau vorhatte, rief Krase:

„Halt! Mann! Sind Sie wahnsinnig? Lassen Sie den Hund nicht los!"

„Faß!" kreischte der andere. „Faß, Hasso, faß!"

Mit dampfender Schnauze stob das Ungetüm davon.

„Rufen Sie ihn zurück!" beschwor ihn Herr Krase. „Beim Himmel, Mensch, Sie wissen nicht, was Sie tun! Zurück, sag ich, zurück!"

„Möchten Sie, wie? Damit ich die Hexenmähre weiter auf dem Buckel trage, haha ...!"

Herr Krase trat auf Schulze-Brottau zu und patschte ihm leicht auf den Hut, so daß der plötzlich einen Pfannkuchen auf dem Kopf zu haben schien.

„Herr", sagte er leise, doch um so schärfer. „Verstehen Sie nicht? Ich fürchte nicht um das Pferd, ich fürchte um Ihren Hund!"

„Mein Hund", keuchte Schulze-Brottau, „taugt zehnmal mehr ..."

„Da hören Sie's!" unterbrach Herr Krase. Er trat zwei Schritte zurück und blickte waldwärts.

Ein markerschütterndes Aufjaulen durchdrang die plötzliche Stille. Es folgte eine wahre Serie von Quietschtönen, als bremse ein Auto in schneller Fahrt mehrfach ganz kurz auf trockener Straße.

Dort, wo die Weide vor dem Waldstück in den Hang überging, sah man zwei Schatten auf dem weißen Hintergrund, der große war das Pferd. Der kleine, ein Bündel nur, mußte der Hund Hasso sein.

Das Pferd erhob sich eben wieder zu voller Höhe auf die Hinterhand, wobei die angewinkelten Vorderbeine mehr zu ahnen als zu sehen waren. Doch dann sausten sie auf das Bündel herab ... Einmal, zweimal ...

„Hasso!" jammerte Herr Schulze-Brottau. Er riß das Gewehr von der Schulter.

„Nicht!" Herr Krase wollte ihm in den Arm fallen. Doch schon drückte der Mann ab. Zum Glück schoß er nur in die Luft.

Mit kurzem, flachem Echo verhallte das Geräusch. Als die Mädchen ihre Augen wieder öffneten, sahen sie das Pferd im Schatten des Stangenholzes verschwinden.

Das Hundebündel kam mit beklemmender Langsamkeit zurück.

Jetzt schwieg Herr Schulze-Brottau. Um so heftiger waren Krases Vorwürfe:

„Ihren lausigen Hund, hab ich gesagt — und dabei bleibe ich, so leid mir das arme Vieh auch tut! Der Hund ahnte allerdings nicht, daß er sich auf einen ungleichen Kampf einließ! Sie dachten, er könne dieses Pferd zur Strecke bringen wie einen krankgeschossenen Bock! Aber

Sie! Sie habe ich gewarnt! Wenn ich Ihnen sage, die Stute hat Qualität ..."

„Schon gut", murmelte Herr Schulze-Brottau, seinem Hund trübe entgegenblickend. „Übrigens hab ich vorhin auch nicht auf Sie gezielt, mein Wort! Ich schoß nur in die Luft, wie eben. Meinen Sie wirklich, in dem Pferd steckt was Besonderes? Der Haager Hof wollte es nicht haben. Die Filmleute haben mehr als deutlich abgewinkt, und ich hab nichts als Ärger und Kosten!"

„Und ich", erwiderte Herr Krase, „konnte mich gerade eben von seiner Großartigkeit überzeugen! Soll ich Ihnen das denn tausendmal sagen? Sie sahen's doch wohl selber: Christiane und die Stute waren doch schon beinahe ein Herz und eine Seele."

Er unterbrach sich und untersuchte Schulze-Brottaus Hund, der mit hängendem Kopf zurückgekrochen kam. „Na", sagte er lachend, „Bonbons wird er nicht lutschen müssen ..."

„Was heißt das?" fragte Herr Schulze-Brottau verständnislos.

„Daß Hasso und Sie von Glück reden können", antwortete Herr Krase. „Sein Gebiß ist nicht zerschmettert worden. Er hat einen tüchtigen Hieb übers Ohr gekriegt und einen langen Ratscher übers Hinterteil, aber sonst ist er in Ordnung."

„Hm, tja ..." Herr Schulze atmete erleichtert auf. „Aber nun noch mal zu dem Gaul. Mein Bruder hat ihn mir vermittelt, und ich meinte, ich könnte ihn so als Hobby halten und irgendwie nutzen, um die Kosten reinzubringen."

„Wenn's mit dem Fernsehen nicht geht", schlug Christiane vor, „kann man doch Ansichtskarten von ihm machen. Oder Kalenderblätter. Mein Vater ist in der Haager Kartenfabrik, da werden solche Sachen gedruckt!"

In Herrn Schulze-Brottau ging eine Verwandlung vor, als hätte er kein Gewehr, sondern ein Stück Friedenspalme auf dem Rücken.

„Herr Krase", bat er eifrig, „Sie sagen, das Pferd ist Klasse! Und das Mädchen meint, man könnte Geld mit ihm machen. Mein Vorschlag: Nehmen Sie's! Versuchen Sie, es einigermaßen hinzukriegen. Ich meine, so, daß es sich wenigstens annähernd wie ein Pferd benimmt — und nicht mehr wie ein Lindwurm! Bauen Sie ihm einen Extrastall, geben Sie ihm eine Koppel ... Die Kosten trage ich ... Schließlich bin ich kein armer Mann, es geht mir ja mehr um mein Hobby ..."

„Um Ihre Eitelkeit", brummte Krase mißvergnügt. „So was ist teuer! Aber wenn Sie mit mir einen Vertrag machen, der Hand und Fuß hat ..."

„Oh, bitte, Herr Krase!" schrien die Mädchen. „Sagen Sie ja! Versuchen Sie's!"

Krase gab sich einen Ruck. „Also, abgemacht. Übrigens — wie heißt die Fuchsstute eigentlich?"

„Vulkan", erwiderte Herr Schulze-Brottau junior.

„Der Himmel sei mir gnädig!" Krase lachte. „Vulkan? Nee, nee, mein Lieber — den Namen vergessen wir mal gleich. Ein Pferd, das so heißt, muß ja ausbrechen und Feuer speien. Ich nehm es besser ohne Namen. So, und nun will ich sehen, wo ich die Leute herkriege, die es einfangen . . ."

Fuchsstute Rosenholz

Das herrliche Pferd, das seinen Namen verloren, sein Leben aber gewonnen hatte, kam nun also doch auf den Krasehof. Oder wenigstens in dessen Nähe.

Mit Hilfe des Brottauer Tierarztes und einiger Fachkollegen von der Haager Konkurrenz brachte Herr Krase es in einen Laufstall auf seinem Besitz. Säuberung, Gesundheits- und Qualitätsuntersuchung gestalteten sich selbst für diese „alten Pferdehasen" zu einer wahren Knochenarbeit.

„Ein zehnjähriger Einzelgänger mit dem Temperament einer Rakete", stellte der Doktor fest.

„Rakete" fanden die anderen sehr passend. Aber für Christiane klang das noch häßlicher als Vulkan.

Ihr Pferd, diese unvergleichliche Fuchsstute mit der makellos gleichmäßigen, hellen Farbtönung, mußte einen treffenden, aber auch schönen Namen haben. „Heia", „Rosinante" und „Wintermärchen" — und ähnliches — gab es schon, oder es war zu durchschnittlich. Und Bezeichnungen wie „Lebkuchen", „Tomate" und „Cognac" kamen überhaupt nicht in Frage.

„Was macht dein Pferd?" wurde Christiane tagtäglich in der Schule bestürmt. „Was macht dein Pferd?" sprachen die Leute in Brottau das Mädchen an.

Christiane kam aus dem Seufzen nicht heraus. Die ewig gleiche Antwort hätte sie auf einem Kassettenrecorder abspielen mögen:

„Es tobt. Es wirft sich gegen die Wände. Es steigt. Es bockt. Es schlägt ... Niemand darf ihm zu nahe kommen ..."

Erst, wenn es total erschöpft war, blieb es mit bebenden Flanken stehen, senkte trübsinnig den Kopf und döste. Aber auch dann ließ es in den ersten Tagen nur Christiane an sich heran.

Die Stimme des Mädchens wirkte wie ein Zauber auf das Tier. Woran das lag, konnte keiner erklären. Wohl wußten die Fachleute, daß Pferde Gehör- und Geruchstiere sind. Viele lehnen einen Reitschüler vom ersten Moment an ab, weil ihnen seine „Tonmelodie" nicht gefällt oder weil sie ihn buchstäblich „nicht riechen" können. Hier schien jedoch mehr im Spiel zu sein.

Scherzhaft meinte der Doktor:

„Christiane ist wahrscheinlich eine verkappte Hexe! Sie becirct den Gaul!"

Schlimm war die Durst- und Hungerkur, mit der man die Prachtstute bezwingen wollte. Daß sie ein sogenanntes probates Mittel war und unter Aufsicht stand, konnte Christiane kaum trösten.

Endlich, im Mai, hatte man dreihundert Meter von der Reitbahn entfernt einen genügend großen, solide umzäunten Tummelplatz fertig. Die Stute durfte unter den freien Himmel.

Beate, Gaby und Christiane saßen auf der flachen Trommel eines Wassertanks und sahen zu, wie das Pferd die Freiheit genoß. Es galoppierte Bögen, trabte Achten, stieg mit fliegender Mähne und fuchtelte mit den Vorderhufen, als wolle es den köstlichen, frischen Wind vor Freude boxen.

Wenn es an den Mädchen vorüberstob, wieherte es. Und das klang wie ein Begeisterungsschrei.

Doch seine Freiheit war eine listige Täuschung.

„Überall ringsum ist Weide“, wunderte sich Beate, „nur in der Umzäunung nicht! Wo soll das Pferd denn grasen?“

„Nirgends“, erklärte Christiane. „Das ist ja der Trick! Siehst du den offenen Schuppen, dort, in der hintersten Ecke? Im Inneren ist ein festes Trinkbecken und ein Futtergestell. Wenn die Stute Durst und Hunger hat, muß sie da hinein. Sie soll ja stallzahm werden.“

Ja, innerhalb der Umzäunung unter dem freien Himmel fand sie nichts, kein Hälmchen, keine Wasserpfütze. Man hatte die Grasnarbe mit Stumpf und Stiel entfernt und mehrere Fuhren einer besonderen Sandsorte aufgeschüttet, die bei Regen nicht so schlammte.

„Das ist ja 'ne wahre Roßkur!" meinte Gaby.

Gerade jetzt begann überall der Weideaustrieb.

In Bad Haag tummelten sich die Mutterstuten mit ihren Fohlen bereits auf den sorgfältig gedüngten Koppeln. Ab Ende April, Anfang Mai verpflegten sich Pferde auf geeigneten, gutgehaltenen Weiden selbst.

Natürlich durfte auch die Mehrzahl von Krases Tieren schon im Freien schmausen. Aber das waren die „Gelernten". Sie kannten den Jahresrhythmus längst: Sieben Monate Stall, fünf Monate Weide. Doch auch in der Weidezeit vergaßen sie nie, wo ihr Stall war, ihr eigentliches Zuhause. Und es war ihnen gewissermaßen ins Blut eingegangen, daß Weidezeit nicht Ferienzeit bedeutete. Denn sie mußten ja immer wieder arbeiten ...

„Wenn man die Fuchsstute gleich rausläßt, brennt sie wieder durch", sagte Christiane zu den Freundinnen. „Ich denke, in vierzehn Tagen, drei Wochen kann man das Gatter aufmachen und ihr ein Weiderevier abstecken. Seht mal, was für Fortschritte sie schon gemacht hat!"

„Es ist noch keiner auf ihr geritten", wandte Gaby ein.

„Aber sie wirft sich nicht gegen die Balken!" verteidigte Beate das Pferd. „Und sie hat die Pflege angenommen! Ihr Fell schimmert wie Rosenholz!"

„Rosenholz ...!" rief Christiane. Sie rutschte vom Tankwagen, als hätte sie der Blitz getroffen. „Rosenholz! Das ist der passende Name! Rosenholz!" Sie rief das Wort so oft, bis vom Gehege her ein Wiehern kam, das wie Zustimmung klang ...

Während Rosenholz — bis auf die regelmäßigen Fütterungs- und Pflegeprozeduren — sich meist selber überlassen blieb, ging die Arbeit einige hundert Meter entfernt ihren gewohnten Gang.

Mittlerweile kannte Christiane nahezu den gesamten Pferdebestand auch aus dem Sattel heraus. Sie hatte ein Vierteljahr Zeit gehabt, sich auf diesen oder jenen Rükken zu schwingen.

Krases „Ponyhof", wie er nach der Mehrheit noch immer hieß, war „sauber". Christianes Vater hatte sich ja auch schon davon überzeugt. Aber um das wirklich durch und durch zu erkennen, mußte man tiefer blicken. Kein Pferd bekam ein Aufputschmittel, um scheinfit die Arbeitsstunden zu überstehen. Auch brauchte man keine Beruhigungsdrogen, damit etwa einzelne Tiere die Reitschüler nicht abwarfen.

Herr Krase und seine Leute hatten ihre Pferde gut im Griff.

Mit den zweibeinigen Kunden war's eine andere Sache. Die Schülerschaft bestand hauptsächlich aus Mädchen: Das konnte man direkt über den Daumen peilen: Auf ein Dutzend kamen zwei Jungen. Oft noch nicht mal. Da hatte man dann den Eindruck, den Christianes Bruder verächtlich mit einem einzigen Wort bezeichnete:

„Weibersport!"

Es war Juni. Jeden Nachmittag radelte Christiane, meist von Beate begleitet, zum Krasehof. Dort gab es jetzt immer mehr zu tun.

„Zwei Drittel Ärger und ein Drittel Arbeit“, behauptete Frau Krase. Der Andrang an reitwilligen, manchmal reitbesessenen Neulingen war groß.

Leider bildeten die Mädchen der bestimmten Reit-Einteilungen nicht immer auch eine besondere Reitkameradschaft. Weit davon entfernt!

Beate, die vorläufig nur zuguckte und Christiane hie und da in den Ställen half, begriff das nicht:

„Wie die Schlangen zischen sie sich auf der Reitbahn an! Und dafür geben sie auch noch Geld aus!“

„Manche reiten nicht das Pferd, manche reitet der Ehrgeiz“, sagte Herr Krase im Vorübergehen grinsend.

Zum Glück konnte sich Christiane ohne die „Gesellschaft der reitenden Schlangen“ mit ihrem Pferd beschäftigen. Hundert Meter hinter der Reitbahn verlief der Bach, teilweise von einer Hecke gesäumt, so daß man vom Hofgelände keinen Einblick hatte. Schilder verkündeten: „Betreten verboten!“ (Auf einem stand sogar „Lebensgefahr!“)

Dahinter aber lag ... Christianes Paradies.

Die Sonne stand tief und orangefarben am Abendhimmel, als Christiane mit Beate wieder einmal zum Gehege ging. Sie wollte der Freundin zeigen, welche Fortschritte Rosenholz gemacht hatte.

Ein forderndes Wiehern erwartete sie schon.

„Rosenholz!" japste Christiane. „Rosenholz! Meinst du, ich vergesse dich?"

Sie rannte mit Beate am Koppelzaun entlang, hinter Rosenholz' „Gewöhnungsstall", um das Pferd durch die Luken hindurch zu tränken und zu füttern.

Sie klappte die Läden von außen auf und lockte:

„Rosenholz ... Ei, was ich für dich habe!"

Nach einer Weile erschien die Stute vom Gehege her im Innern der Hütte.

O, wie sie sich ärgerte, daß das Mädchen ihr zumutete, ihr auf den Leim zu gehen! Sie stampfte mit den Vorderbeinen, schnaubte unwillig und schüttelte heftig den Kopf.

Sie bewegte sich trotz des Zorns nicht ohne Anmut. Sie tänzelte rückwärts, den schlanken Leib hin und her wiegend, aus der „Freiheitsfalle" hinaus und jagte wiehernd ein paar Runden über den aufstiebenden Sand. Als Christiane aber die Luken mit vernehmlichem Krach zuschlug, blieb sie wie angewurzelt stehen.

„Wer nicht will, der hat schon!" rief Christiane – und marschierte zum Schein mit einem Büschel Heu in Richtung Ponyhof davon.

„Uhihihi ...", klang es jammervoll hinter ihr her, fast, als maunze ein Kätzchen.

„Hart bleiben!" mahnte Herr Krase. „Das hat mit Tierquälerei nichts zu tun! Es ist die einzige Möglichkeit, aus dem Racker ein Gewohnheitstier zu machen. Ohne

Gewohnheits-Bereitschaft wird es nie und nimmer ein Lernpferd!"

Herr Krase kam übrigens nicht allein. In seiner Begleitung befand sich Schulze-Brottau junior. So, als wären sie alte Freunde, begrüßte er Christiane.

Aber da war noch ein anderer Mann, ein stattlicher Herr, der für niemanden einen Blick hatte. Für niemanden — außer für Rosenholz.

„Das ist Herr Paul aus Warendorf", sagte Herr Krase.

Christiane machte Kulleraugen. „Warendorf ist die Pferdestadt in Deutschland", erklärte sie Beate. „Der Sitz der Deutschen Reiterlichen Vereinigung. Da gibt es so 'ne Art Vorstand, weißt du? Ähnlich wie beim Deutschen Fußball-Bund, nur, natürlich für den Pferdesport!"

Herr Paul ließ sich das Tor aufschließen und ging, gefolgt von Krase, zu Rosenholz hinein. Schulze-Brottau blieb lieber draußen.

„Donnerwetter", hörte man den Warendorfer Fachmann sagen. „Das ist ein Pferd! Ein paar Jahre früher hätte ich es für zwanzigtausend Mark vom Fleck weg gekauft!"

Rosenholz stand stolz und reglos da. Es spielte nur mit den Ohren. Man hätte glauben können, es wollte dem Kenner zeigen, daß es immer noch viel wert war! Prompt und wie bestellt, fuhr Herr Paul fort:

„Zehntausend gäbe ich auch jetzt noch! Das kriegen Sie schon wieder hin, lieber Krase. Und Herrn Schulze-

Brottau kann man nur gratulieren! Das Tier hat eine gute Lebenserwartung, und ich meine, es ist durchaus noch bildungsfähig!"

Das Gesicht von Herrn Schulze-Brottau schien vor Freude zu leuchten. „Ich müßte mich bei dem Mädchen bedanken", murmelte er verlegen. Mit einer ungeschickten Handbewegung wies er auf Christiane. „Ihre Stimme ist das Wunder, sagt Herr Krase immer. Der Gaul, äh, die Stute ist in ihre Stimme vernarrt ... und dadurch wird der Gaul, äh, Rosenholz mit der Zeit auch zu anderen etwas frommer."

Im Beisein von Herrn Paul überreichte der Reiterhof-Chef Christiane einen blinkenden, flachen Sicherheitsschlüssel:

„Hier, Chris!" sagte er feierlich. „Das ist einer der vier Schlüssel zum Hängeschloß an Rosenholz' Koppeltor! Zwei Schlüssel behalten mein Futtermeister und ich. Den dritten hütet meine Frau zur Reserve. Den vierten und wertvollsten kriegst du!"

„Wieso wertvollsten?" fragte das Mädchen verdutzt.

„Weil du es sein wirst, die das Pferd rauslassen darf — wenn die Zeit gekommen ist!" erklärte Herr Krase. Er lächelte verschmitzt. „Deinen Schlüssel hab ich beim Haager Juwelier versilbern lassen, und schon deshalb ist er wertvoller als die anderen drei. Du kannst ihn als Glücksbringer an der Halskette tragen. Modisch ist so was ja, oder?"

„Gaby trägt einen winzigen, silbernen Tennisschläger", rief Beate, vor lauter Bewunderung hopsend.

„Na also!" Jetzt grinste Herr Krase breit. „Der Hauptgrund dafür, daß ich den Schlüssel versilbern ließ, ist allerdings der: Allein, ohne Aufsicht, ohne Erlaubnis, darfst du Rosenholz nicht herauslassen! Tust du es dennoch, so sieht man es an den Kratzern auf dem Silber. Und da könntest du noch so behutsam sein, es gibt ja schließlich Lupen!"

Der versilberte Pferdeschlüssel an Christianes Halskette erregte großes Aufsehen in der Schule. Einige Mädchen beneideten Christiane glühend, aber sie gratulierten ihr doch.

Nur die hochnäsige Daphne behauptete abschätzig: „So ein kleiner Schlüssel für 'ne Pferdekoppel? Daß ich nicht kichere! Der gehört höchstens zu deiner Sparbüchse!"

„Laß sie quatschen!" sagte Gaby. „Hauptsache, Beate und ich wissen Bescheid. Selbst Rosenholz wird nicht daran zweifeln, daß dieser Silberschlüssel paßt — nämlich dann, wenn du das Pferd endlich rauslassen darfst ..."

Christianes tollster Ritt

Eines Sonntags stahl sich Christiane schon um fünf Uhr früh aus dem Haus. Die Luft war frisch und würzig. Am Himmel standen ein paar violette Streifenwolken, darüber wölbte sich eine Haufenwolke, schneeweiß, wie eine Krone aus Schlagsahne.

Christiane flitzte mit dem Rad durch Brottau, dessen Häuser in Fensterglanz und Blumenschmuck miteinander wetteiferten. Hie und da dampften die Wiesen. Hauchzarte Schleier mit hübschen Mustern, Tupfen und Streifen von hindurchschimmerndem Grün flogen vorüber.

Christiane fuhr um den Wald herum und strampelte am Bach entlang. Polternd ging's über eine Bretterbrücke. Dann sprang sie ab und schob ihr Rad auf das einsame Gehege zu.

Einen Augenblick verharrte sie gebannt.

Inmitten der Einzäunung, überflutet von den Strahlen der Morgensonne, stand Rosenholz ... Das Tier stand mit geschlossenen Vorder- und Hinterbeinen tadellos aufrecht da. Seine Kopfstellung war korrekt, als wolle es den Schwalben eine Vorstellung geben. Seine Nase befand sich in gleicher Höhe mit den Hüften. Sein Genick bildete — von den Ohren abgesehen — den obersten Punkt des stolz gehobenen Halses.

Christiane lehnte ihr Rad an einen Telefonmast und rannte auf die Koppel zu.

„Rosenholz!" jubelte sie. „Rosenholz . . .!"

Jetzt wendete die Stute den Kopf. Doch ehe sie sich in Bewegung setzte, ließ sie sich ein drittes Mal rufen. Endlich ertönte ihr Wiehern. Hell, freudig, ja beinahe vergnügt. Mit fliegender Mähne galoppierte sie ein Oval. Dann kam sie an den Zaun, ruckte den Hals lebhaft hin und her und tänzelte ungeduldig auf der Stelle.

„Komm", sagte Christiane atemlos. „Sei brav! Erst deine Stallübung!"

Sie lief außen um das Areal herum zur Hütte. Jenseits der Umzäunung eilte ihr das Pferd schon voraus. Als Christiane die Luken des Fangstalls öffnete, ragte ihr Rosenholz' Nase sofort entgegen.

„So ist's recht!" schmeichelte sie. Eine derart glückliche Begegnung hatte es zwischen ihr und der Stute noch nie gegeben.

Das Mädchen sprach in wahren Lobeshymnen auf Rosenholz ein. Liebevolle Worte, oft wenig passende Sätze, deren Anfang im albernsten Gestammel mündeten — doch das war gleichgültig.

Pferde verstehen die menschliche Sprache nicht. Es ist eine fromme Sage, daß man ein arabisches Vollblut etwa mit Sprüchen aus dem altägyptischen Weisheitsbuch traktieren muß, ein russisches Steppenpferdchen mit Kosakenliedern oder einen irischen Sprinter mit gälischen Lauten.

Das wußte Christiane längst. Einzig auf den Ton kommt es an, und der soll ruhig sein, immer beherrscht, aber er muß Lob und Tadel verraten und darf nie „gesüßt" und „gepfeffert" zugleich sein. Das bekommt dem Pferd nicht und verdirbt seine Nerven. Die Regel ist: Lob, wo Lob angebracht ist, Tadel, wenn nötig – jede Übertreibung aber strikt vermeiden!

Christiane öffnete die wasserdichte Kiste unter dem äußeren Vordach. Durch die Luke hindurch schüttete sie der Stute eine Portion ausgesuchten Mischfutters in die Krippe. Es enthielt alle möglichen Spurenelemente, Kalk und verschiedene Vitamine. Von außen reinigte sie das Becken und füllte mit dem Schlauch frisches Wasser aus dem Spezialtank nach.

Dabei unterhielt sie sich die ganze Zeit mit dem Tier, damit der friedliche Kontakt nicht abriß.

Ob es die Morgenfrühe war, die herrliche Luft, der Sonnenschein, der Geruch von den Wiesen und Wäldern her ... Das Pferd machte einen ausgelassenen, lustigen, dabei aber willfährigen Eindruck. Christiane wurde sich plötzlich bewußt, daß sie das geahnt hatte.

Sie rannte am Zaun entlang zum Tor, an dem das Sicherheitsschloß Sperrbügel und Haken blockierte.

Was kümmerte sie Herrn Krases Verbot ...?

Jetzt gab es keinen Herrn Krase, keinen Futtermeister, der den Eingang bewachte. Lehrer und Mahner jeder Art waren nicht mehr da, sie gehörten dem heutigen Tag gar nicht an. Sie waren aus der Welt der Seligkeit, in der Christiane sich befand, so vollkommen verbannt, als hätte es sie nie gegeben.

Der Schlüssel an Christianes Kettchen trug die Silberschicht, damit Kratzer ein heimliches Herauslassen des Pferdes verrieten ...

Und wenn schon! Galt derselbe Schlüssel nicht auch gleichzeitig als Glücksbringer?

Was sollte man denn eigentlich von einem Glücksbringer denken, der das Gegenteil darstellte: Einem Glücksbringer, der dazu da war, das Glück zu meiden und es buchstäblich versperrt zu halten?

Christiane hakte das flache, blitzende Ding von ihrem Halskettchen ab. Ihre Finger zitterten nicht einmal, als sie den Schlüssel ins Schloß einführte und zweimal nach rechts drehte. Welche Kraft dazu nötig war, die beiden Sperrbalken aus den Angeln zu heben, merkte sie kaum. Endlich, endlich stand das Tor weit offen ...

Rosenholz kam aus der Hütte. Aber es schien Christianes plötzliches Auftauchen inmitten seines Freigeheges als etwas ganz Selbstverständliches zu empfinden. Es nickte sogar ein paarmal wie bejahend! Christiane lachte. Dieses Lachen machte die Stute noch vergnügter und zutraulicher, als sie schon war. Munter trabte sie auf das Mädchen zu.

Christiane legte die Arme um ihren Hals und wisperte: „Siehst du, was ich dir zuliebe getan habe? Ich hab das Tor geöffnet! Du darfst das erstemal hinaus! Und du wirst mir keine Schande machen! Sattel, Zaumzeug, Gerte und Sporen willst du nicht, gut. Sehr gut. Aber mich wirst du wollen, ohne das ganze Martergerät, so, wie ich bin!"

Rosenholz schnaubte laut.

„Jaja", redete Christiane weiter auf das Tier ein. „Heute ist Sonntag. Es soll dein Tag sein. Und wenn wir zurückkommen, werden alle Teufelchen aus deinem Kopf herausgeflogen sein: zur Nase, aus dem Maul und aus den Ohren. Wir schicken sie zu Herrn Schulze-Brottaus Hund ..."

Doch die Teufelchen, von denen sie sprach, schienen bereits entwichen zu sein. Zum Teil wenigstens. Der andere Teil hatte offenbar vom Gehirn des Mädchens Besitz ergriffen.

Ehe Rosenholz es sich versah, rannte Christiane ein paar Schritte zurück, nahm einen kurzen, schnellen Anlauf und schwang sich wie ein Jockey auf den Pferderücken, mit der linken Hand in der Mähne, mit der rechten im Kruppenfell Halt suchend.

Bevor das Pferd noch das Gewicht der Reiterin spürte, „versetzte" es instinktiv ein wenig, um das Gleichgewicht zu wahren — das Mädchen also richtig aufzufangen, damit es nicht zur anderen Seite runtersauste.

Es war, als hätten die beiden das schon hundertmal geübt.

Weit vorgebeugt, die Unterschenkel fest am Bauch des Tiers, spornte Christiane es mit scharfem, aufmunterndem Flüstern an:

„Nun lauf, Rosenholz — lauf!"

Doch Rosenholz stand wie angewurzelt.

Es wandte den schönen Kopf mit den rätselvollen, großen, glänzenden Augen zur Seite, als müsse es aus einem langen, langen Traum erwachen, durch den es nicht als ein Pferd, sondern als ein unnützes Fabelgeschöpf gegeistert war.

„Rosenholz", schmeichelte Christiane. „Rosenholz!"

Ganz langsam, Schritt für Schritt, setzte sich die Stute in Bewegung. Vorsichtig, behutsam, fast wiegend. Sie trug eine kostbare Last . . .

Herrn Krase, seinem alten Futtermeister, ja sogar Herrn Paul von der Warendorfer Deutschen Reiterlichen Vereinigung hätten sich die Haare gesträubt. Und gerade diese Männer wußten am besten über die Geheimnisse und die Unberechenbarkeiten der Pferde Bescheid.

Ein Pferd ist nicht so intelligent wie ein Hund, es ist ein Herden-, Gruppen- und Gewohnheitstier, sein angeborenes Rettungsmittel ist die Flucht, tausend unausrottbare Ur-Ängste schlummern in ihm: Jahrelang ist es folgsam, ausgeglichen, durch nichts zu erschüttern, doch eines Tages fliegt ihm ein Fetzen schwarzen Seidenpapiers über den Weg, es scheut, wirft den Reiter ab – und die Folge ist ein gebrochenes Genick.

Fern von solchem Argwohn waren Rosenholz und Christiane. Die edle Stute Rosenholz ging wie auf Katzenpfoten.

Christiane klopfte den Bauch des Pferdes mit den Unterschenkeln, lenkte es mit Kniedruck und sprach ihm immer dringlicher zu:

„Lauf, Rosenholz, lauf . . .!"

Vom Schritt ging die Stute artig in Trab, ohne zu rucken – und so, als sei vor vielen Jahren Gelerntes in ihrem Kopf und Körper wieder eingerastet.

„Brav!" lobte Christiane. „Brav!"

Immer weiter strebten sie von Neu-Brottau und von Brottau weg, quer über weite Wiesen und unbebaute Felder.

Rasch und rascher setzte Rosenholz seine Beinpaare diagonal. Im starken Trab hielt es sich etwa fünf Minuten, wie um der Reiterin Gelegenheit zu geben, sich auf ihm – ohne alle Hilfe – einzurichten.

Dann stach das Mädchen der Hafer. Aus dem Trab heraus brachte sie die Stute in den Galopp. Sie entkrampfte die Unterschenkel, preßte sich mit den Knien fest und verlagerte den Oberkörper noch weiter nach vorn. Sie hielt den Hals umklammert und die Mähne umkrallt. Aber die Hauptsache war: Sie sang! Sie sang hell, jubelnd, ohne Text, ohne bestimmte Melodie, aber sie sang!

Das war für Rosenholz die rechte Musik. Pferd und Reiterin flogen nur so dahin . . .

Sturz – und Traum ohne Ende …

Nicht weit entfernt, am Brottauer Altmühlenweg, stand ein einzelner Baum. Um seinen Stamm herum wand sich eine schiefe, verwitterte Bank. Und auf der hockte, nicht weniger verwittert, ein gewisser Herr Brotzke und blinzelte in den herrlichen Morgen.

Herr Brotzke liebte es, mit sich und der Welt allein zu sein. Deshalb pflegte er, besonders an schönen Tagen, in aller Herrgottsfrühe aufzustehen und in die freie Natur hinaus zu spazieren.

„Als ich den Fuchs mit dem Mädchen auftauchen sah", berichtete er später der Polizei, den Haager Zeitungsreportern, und allen, die es wissen wollten, „da dachte ich im ersten Moment: Brotzke, dachte ich, trink samstags nicht zu viel Schnaps, denn dann siehst du sonntagsfrüh keine fliegenden Pferde …"

Brotzke mochte Hobbyreiter nicht. Er nannte sie die „Sonntagsnieten". Er selbst war ganz früher einmal als Kutscher in einem Mietunternehmen für Hochzeitskarossen angestellt gewesen. Kurze Zeit hatte er Reit-

pferde betreut, doch nicht ein einzigesmal im Sattel gesessen. Seine Leidenschaft war das Tippen, das Setzen auf „Sieg“ oder „Platz“ bei den großen Derbys, und die verfolgte er am Bildschirm.

„Daher weiß ich, was ein Renner ist — und was nicht“, erklärte er. „Und ich bin zwar ein bißchen schwerhörig, aber, was die Augen betrifft, da nehm ich's mit einem Adler auf. Also, der Fuchs stob in voller Karriere heran, mehr über der Erde als auf dem Boden, verstehen Sie? Ein Rennpferd läuft sechzig Stundenkilometer, soviel ich weiß. Bei dem aber hatt ich den Eindruck, es sprintet mit tausend. Natürlich ist das übertrieben, aber ich sage ja

nur, es kam mir so vor. Es preschte genau in die Sonne hinein. Erst dachte ich, es sei reiterlos. Kein Zaumzeug, kein Sattel, keine Steigbügel ... Wer kommt denn da auf die Idee, daß jemand draufsitzt. Oder draufklebt ..."

Und über den schrecklichen Sturz sagte Brotzke:

„Erst ging ja alles noch gut. Gut? Das ist kein Wort dafür! So was von Tollkühnheit bei Roß und Reiter hab ich nie erlebt. Mit der gelben Bluse sah das Mädchen wie'n Zitronenfalter aus. So'n leichtes Etwas — und wie mit dem Renner verwachsen! Das Pferd sprang über den Stichgraben, der in den Bach mündet: Ich sage Ihnen — der reinste Bilderbuchsprung! Sie wendete das Tier und machte das Kunststück noch einmal ... Wie die beiden sich vom Boden abhoben, ein Anblick für Götter!

Und wie's zu dem Todessturz kam? Tja. Ehrlich: Das werde ich nie begreifen. Erschreckt hat die Stute garantiert nichts, kein Hund, keine Maschine, nicht mal 'n Hase. Es muß was in ihrem eigenen Kopf gewesen sein. Da hat was ausgehakt, wahrscheinlich vor Übermut. Vom Liniengalopp schwenkte es urplötzlich winklig weg. Nun, 45 Grad wäre zuviel gesagt. Aber der Ausfall war toll genug. Das Mädchen flog in hohem Bogen durch die Luft. Es muß über einen Stein gerollt sein. Tja, und dann blieb es reglos liegen, so unheimlich verkrümmt ..."

Christiane wußte nichts von ihrem Sturz.

Sie hatte keine Ahnung davon, daß sie im Krankenhaus lag.

Den alten Brotzke kannte sie kaum. Und woher hätte sie wissen sollen, daß da auf einer Bank ein Frühaufsteher ihren Ritt beobachtete?

Für sie selber war das Unglück gar nicht geschehen.

Es ging ja alles viel zu schnell ...

Die Dunkelheit umgab sie, als läge sie plötzlich unter einem riesigen, dicken, schwarzen Mantel.

Herr Brotzke lief in Panik einen Weg entlang, schrie und fuchtelte mit seinem Stock. Der Zufall ließ ihn einer Trimm-dich-Radfahrerin begegnen, und die schickte er zum erstbesten Haus, zu dem ein Telefondraht führte.

Inzwischen kam das reiterlose Pferd ganz langsam zurück. Es war unverletzt: Auch nach dem ungestümen

Durchgehen hatte es keine Stauchung, keinen Kratzer davongetragen. Trotzdem ließ es den Kopf hängen und setzte die Hufe so ängstlich wie auf Eis.

Rosenholz schämte sich. Mehr noch: Als es seine geliebte Christiane leblos liegen sah, ging etwas in ihm kaputt.

Das Mädchen spürte die warmen Nüstern nicht an ihrer Wange. Sie hörte auch das flehentliche, leise Wiehern nicht.

Rosenholz trat von dem reglosen Körper zurück. Es reckte den Hals und wieherte laut zum Himmel empor.

Es war der wildeste Verzweiflungsschrei, den es jemals ausgestoßen hatte. Dann schritt es ein paar Meter weg, wandte sich ab und döste teilnahmslos vor sich hin.

Das Brummen des Rotkreuzwagens weckte weder Christiane aus ihrer Ohnmacht noch die Fuchsstute Rosenholz aus ihrem tauben Schmerz. Auch das Polizei-Auto beachtete Rosenholz nicht.

Wo die vielen Wagen mit Schaulustigen auf einmal herkamen — das Menschengewimmel, das Stimmengewirr . . . wie sollte ein Pferd sich das erklären? Rosenholz, völlig stumpf vor Kummer, nahm gar nichts mehr wahr . . .

Für Christiane war der Ritt nicht zu Ende. Sie schwebte auf dem Rücken des herrlichen Pferdes über endlose Weiten. Es war ihr, als schliefe sie auf seinem Rücken ein — und wachte immer wieder auf ihm auf.

Manchmal fühlte sie schreckliche Kopfschmerzen. Höllisch schien die Sonne sie zu blenden. Dann glaubte sie zu flüstern:

„Rosenholz ... Wir müssen umkehren! Rosenholz, wir müssen endlich zurück ..."

Dann aber, nach einem merkwürdigen, ihr unerklärlichen Dämmerzustand, wurde es allmählich heller um sie herum.

Christiane merkte, daß sie im Bett lag.

Wenn sie meinte, Rosenholz würde sich über sie beugen, sollte sie alsbald eines anderen belehrt werden. Kein Wiehern, kein Schnauben, kein leises Klopfen von Hufen umgab sie. Auch nicht Herr Krase, Frau Krase und die übrigen Leute vom Ponyhof. Es waren Ärzte und Krankenschwestern ...

Dann kamen Vater, Mutter — und ihr Bruder Friedhelm.

Friedhelm lächelte sie an. „Na, Schwesterchen? Kleiner Blechschaden?"

„Wo ist Rosenholz?" hauchte Christiane.

„Nicht aufregen!" mahnte die Mutter. „Du bist noch zu schwach!" Christiane hörte aber, wie sie zum Vater sagte: „Gott sei Dank! Ich kam von dem Gedanken nicht los, daß es doch Gehirnblutungen wären! Sie war ja so lange bewußtlos. Ach, wenn's bloß das mit der Hand wäre!"

„Was ist mit meiner Hand?" flüsterte Christiane bange.

„Ein kleiner Bruch!" beruhigte der Vater. „Es ist die linke, falls du's wissen willst. Beweg den Kopf nicht! Das ist die Hauptsache. Die Hand wirst du bald wieder lustig schwenken können!"

„Wo ist Rosenholz?" fragte Christiane.

Sie bekam keine Antwort.

Eines Tages befand der Chefarzt, daß sie nun schon weit genug wiederhergestellt sei.

Sie durfte in ein anderes Zimmer ziehen, wo sie Gesellschaft hatte: Ein kleines Mädchen mit einem Armbruch, es war vom Rad gefallen, und ein größeres, dem eine Schwingtür gegen Stirn und Nase geprallt war.

Christiane konnte sich ein bißchen unterhalten. Sie brauchte nicht mehr dauernd zu grübeln.

An einem Besuchstag, gleich um vierzehn Uhr, kamen Beate und Gaby. Christiane wäre am liebsten aus dem Bett gesprungen, und Beate bemühte sich, nicht vor Freude zu hopsen.

Gaby legte der Freundin einen riesigen Blumenstrauß auf die Bettdecke. „Na, du machst Sachen!" sagte sie. „Auch 'ne Art, mit uns Kontakt zu halten: durch Zeitungsartikel!"

Beate warf ihr einen Blick zu, doch Christiane bemerkte es.

„Was ist mit Rosenholz?" fragte sie bange. „Im Traum kommt mir einiges zurück, was ich bewußt nicht gehört habe. Stimmt es? Hat man Rosenholz erschossen?"

Nun starrten die Mädchen sie ehrlich verdutzt an.

„Wie kommst du denn darauf?" fragte Gaby. Wieder tauschte sie einen raschen Blick mit Beate. Dann sagte sie entschlossen: „Ich glaube, es ist besser, wir sagen dir die Wahrheit, damit du dir hier nicht deinen armen Kopf zerbrichst. Du könntest sonst vor Enttäuschung aus allen Wolken fallen ..."

„Also doch ..." Christiane schluckte.

„Herr Krase hat mit Schulze-Brottau gesprochen", berichtete Beate. „Dem gehörte Rosenholz ja."

„Gehörte?"

„Gehörte!" fuhr Gaby etwas ungeduldig fort. „Du hast Beate richtig verstanden. Und die Besitzverhältnisse waren dir doch immer klar, oder?"

„Ja, aber ..."

„Krase wollte das Pferd nach dem Unfall nicht mehr haben", unterbrach Gaby. „Das wirst du sicher begreifen. Und so hat es Schulze-Brottau verkauft!"

„Nicht dem Schlachter", beruhigte Beate rasch. „Rosenholz wurde nach Warendorf geholt. Herr Paul, der Mann von der Reitervereinigung, hat es gekauft. Du wirst staunen — für fünfzehntausend Mark!"

„So viel gibt man nicht für ein Pferd, das man schlachten will", hauchte Christiane. Ihr Kopf sank in die Kissen. Eine Weile hielt sie die Augen geschlossen. Dann blickte sie zur Decke, verzog das Gesicht und seufzte: „Das tut weh ..."

„Die Hand?“ fragte Beate.

„Hast du wieder Kopfschmerzen?“ ängstigte sich Gaby.

„Nein!“ Christiane legte die gesunde Hand auf die Brust. „Da drinnen! Rosenholz – so weit weg ... Nicht mehr mein Pferd ... Und sicher werd ich's nie wiedersehen!“

Gaby setzte sich an den Bettrand. „Hör zu, Christiane“, sagte sie energisch. „Rosenholz war nicht dein Pferd, na ja: auf Verdacht würd ich sagen. Ihr seid beide gut davongekommen, und das ist auch ein Glück! Was willst du mehr?“

Beate nickte eifrig. Sie hatte Mühe, vor Erleichterung nicht zu hopsen. „Ja! Was willst du mehr? Du hast ein Pferd gesucht, du hast eins gefunden – aber es war nicht das richtige. Wenn du gesund bist, gehen wir auf die Suche: Ich schwöre dir, wir finden das passende Pferd für dich!"

„Ja!" sagte Gaby nachdrücklich. „Rosenholz war schön. Aber es war ein großes Rätsel ..."

„Und ein Traumpferd." Christiane lächelte. „Ein Traum. Und ein Traum soll es ewig bleiben. Nur noch ein Traum ..."

Die Fuchsstute Rosenholz ist weg, auf Nimmerwiedersehen, und Christiane erhält ein doppeltes Reitverbot. Und dann wird ihr Sturz noch öffentlich in der Presse angeprangert! Das kann sie natürlich nicht auf sich sitzen lassen. Sie schreibt einen Brief — ahnt aber nicht, was für Ereignisse sie damit heraufbeschwört! Denn das hat sie wahrhaftig nicht gewollt — die Redaktion des „Pferdesport" vor ihrer Tür! Doch jetzt gibt es kein Halten mehr: Christiane wird für die Titelseite der Zeitschrift aufgenommen, und für einen Bildbericht. Und allesamt sind von ihrem reiterlichen Können restlos begeistert, am meisten der mürrische, strenge Chef-Bereiter, Herr Pfungstett. Er bietet Christiane eine Chance, wie er sie noch keinem Reiter geboten hat . . .

Aber Christianes Traum blieb ein Pferd. Ein eigenes Pferd! Und eines Tages treiben die Freundinnen ein kleines, herrenloses Pferdchen auf, das heimatlos auf einer Wiese steht und das niemand haben will, weil es krank und schwach ist. Christiane aber nimmt sich des kleinen, verwaisten Wallachs an. Von da an schenkt sie Rappi — ihrem Pferd — ihre ganze Liebe.

Die Geschichte von Christiane und ihrem Pferd Rappi könnt Ihr in dem zweiten Band unserer neuen Pferdeserie lesen:

Christiane findet Rappi

Sechs Bände umfaßt die neue Pferdeserie für Mädchen

Rappi und Christiane

des bekannten Autors Rolf Ulrici, in der die aufregenden Erlebnisse der elfjährigen Christiane und ihres treuen Pferdchens Rappi erzählt werden. Eigentlich war es ein Zufall, daß Christiane Rappi fand, doch vom ersten Augenblick an hat Christiane — das Mädchen mit dem Pferdeverstand, dem man eine große Reiterzukunft prophezeit — an den kleinen Rappi geglaubt, obwohl er krank und schwach war und ihn niemand haben wollte. Sie allein hat erkannt, was in Rappi steckt, und Rappi wird sie auch nie enttäuschen!

Christiane sucht ihr Pferd
Christiane findet Rappi
Rappi und Christiane mögen sich
Rappi und Christiane gehören zusammen
Christiane kämpft um Rappi
Christiane siegt mit Rappi

W. Fischer-Verlag · Göttingen

ROLF ULRICI

Käpt'n Konny schnuppert Seeluft
Käpt'n Konny in der Klemme
Käpt'n Konny und der Seeteufel
Käpt'n Konny als Pirat

Jeder Band 96 Seiten · illustriert · Jungen ab

Käpt'n Konny und die Brandstifter
Käpt'n Konnys unheiml. Begegnungen
Käpt'n Konny und die Ölpest
Käpt'n Konny auf geheimer Spur

ROLF ULRICI

Raumschiff M O N I T O R

Geheimer Start
Verfolgungsjagd im Weltall

Jeder Band 96 Seiten · illustriert · Jungen ab

Raumschiff verschollen!
Start zur Unterwasserstadt
Auf neuem Kurs
Landung auf der Raumstation

DORIS JANNAUSCH

Gaby hat eine Spürnase
Gaby erforscht ein Geheimnis
Gaby spielt den Schutzengel

Jeder Band 88–96 Seiten · illustriert · M ab

Keine Verschwörung ohne Gaby!
Gaby auf heißer Spur
Gaby und die Juwelendiebe

ROLF ULRICI

Christiane sucht ihr Pferd
Christiane findet Rappi
Rappi und Christiane mögen sich

Jeder Band 88–96 Seiten · illustriert · M ab

Rappi u. Christiane gehören zusamm
Christiane kämpft um Rappi
Christiane siegt mit Rappi

MARTHA SCHLINKERT

Man nennt mich Bummi
Was ist mit Bummi los?
Bummi und Fiete
Bummi in Nöten
Bummi und ihre Freundinnen

Jeder Band 100–104 Seiten · bunt ill. · M ab

Bummi steht kopf
Bummi wird 13
Bummi und ihr Pony
Bummi wird flügge
Bummi hat es geschafft

HILDEGARD DIESSEL

Man lacht über Putzi
Nein, diese Putzi!
Putzis lustige Streiche

Jeder Band 136 Seiten · bunt illustriert · M ab

Einfälle hat die Putzi!
Neues von Putzi
Putzi macht Wirbel

ROLF ULRICI

Diane aus dem Försterhaus
Diane wird Schützenkönigin
Diane und ihre Freundin

Jeder Band 112 Seiten · illustriert · M 9-

Diane gibt eine Klassenparty
Diane und ihr Waldschulheim

DORIS JANNAUSCH

Miß Ponybiß und der Geheimbund
Miß Ponybiß ist Spitze

Jeder Band 128 Seiten · illustriert · JM ab

Nichts geht ohne Miß Ponybiß
Miß Ponybiß und Mister Brown